AF357097

SECOND MEMOIRE
SIGNIFIÉ,
SERVANT DE RÉPONSE.

POUR le Sieur DE LA VERDURE DE GAVERELLÉ.

CONTRE le Sieur Filzmaurice.

CE Procès introduit d'abord au Parlement de Flandres, le Sieur de la Verdure avoit fait imprimer fucceffivement deux Memoires, qui faifoient enfemble 58 pages d'impreffion, & le fieur Filzmaurice y avoit répondu par un Memoire de 50 pages, lorfque le Procès fut évoqué au Confeil.

Les paradoxes & les erreurs multipliées fans mefure dans le Memoire du fieur Filzmaurice, ont rendu prefque inutiles toutes les Ecritures du fieur de la Verdure, fignifiées dans l'Inftance au Parlement de Flandres. L'Inftance ayant été évoquée au Confeil, après une Requête de pro-

A.

duction , nous avons démontré l'abſurdité des paradoxes du ſieur Filzmaurice , nous avons détruit ſes erreurs , en traitant le procès avec l'étendue que l'importance de la matiere paroiſſoit exiger , dans un ſeul Memoire. On ne voit guéres d'exemples d'une inſtruction plus ſimple ſur une affaire auſſi conſidérable.

Le ſieur Filzmaurice impute cependant au ſieur de la Verdure d'avoir multiplié à l'infini les Memoires imprimés. Un reproche ſi mal fondé ne doit pas nous faire garder le ſilence ſur les deux Memoires qu'il vient de faire imprimer de 44 pages chacun ; les nouvelles erreurs que le ſieur Filzmaurice a publiées dans ces deux Memoires , ne nous permettent pas de les laiſſer ſans réponſe.

Nous avons ſur-tout un motif bien intereſſant pour donner une attention particuliere au ſecond Memoire du ſieur Filzmaurice.

Indépendamment des erreurs, des ſophiſmes & des conſequences haſardées dans ce Memoire , que l'interêt de notre cauſe exige que nous combattions, nous avons à repouſſer des injures, qui malheureuſement ne ſont point de la nature de celles qui aſſurent également à leur Auteur le mépris des Juges & d'une Partie raiſonnable.

On impute au ſieur de la Verdure (*a*) d'avoir employé des artifices pour ſurprendre la religion des Juges , & de pouſſer la mauvaiſe foy juſqu'au Trône; (*b*) d'avoir abuſé de tout, d'avoir tout mis en œuvre, l'artifice, les ſuppoſitions , les fauſſetés mêmes ; (*c*) d'avoir fait des falſifications groſſieres des paſſages des Auteurs qu'il a cités ; (*d*) d'être ſans foy, ſans pudeur, & (*e*) d'avoir forgé des paſſages.

Tous ces faits ſont calomnieux. Nous ne craignons point d'aſſurer que nous avons puiſé nos citations dans les ſources , & qu'on n'en trouvera pas une ſeule qui ne ſoit exacte & fidelle. Sur un fondement ſi legitime , le ſieur de

(*a*) Second Memoire, pag. 6

(*b*) *Ibid.* pag. 11.

(*c*) Pag. 27.
(*d*) Pag. 28.
(*e*) Pag. 29.

la Verdure à demandé la suppression de ce Memoire.

Cette calomnie est d'autant plus temeraire de la part du sieur Filzmaurice, que ses Memoires sont remplis de citations infidelles ; en nous justifiant, nous allons le convaincre lui-même de la supercherie qu'il a osé nous imputer.

Avant que d'entrer en matiere, le sieur Filzmaurice allegue que cette contestation interesse essentiellement le Saint Siege & le Roy, comme subrogé par des Indults aux droits du Pape. C'est l'avantage qu'il prétend tirer du Bref que le Pape a écrit au Roy le 26 Août 1744.

Premier Memoire, pag. 2.

Le sieur Filzmaurice ignore également les droits du Pape, les droits du Roy, & leurs veritables interêts.

C'est connoître bien mal les vrais interêts & la vraye grandeur du Saint Siege, que de vouloir lui attribuer une autorité sans bornes sur tous les Benefices, ou des reserves contraires aux droits des Nations, incompatibles même avec son propre titre. Le sieur Filzmaurice n'auroit point obtenu le Bref sur lequel il veut faire valoir l'interêt du Pape, s'il n'avoit pas surpris la religion de sa Sainteté sur deux suppositions essentielles. 1°. Il a exposé, contre la verité de l'Histoire, que le Pape a toujours été en droit de pourvoir à la Prevôté de l'Eglise de Cambray. (a) 2°. Que depuis le Concordat Germanique, les Papes y ont toujours pourvû. (b)

(a) *Jus quod hactenus integrum & incorruptum.*

(b) *Ex hac norma Cameracensem Præposituram Decessores nostri per omnem memoriam, sine ulla controversia elegerunt.*

Ces deux suppositions sont parfaitement détruites dans notre premier Memoire, où nous avons prouvé la possession du Chapitre avant & après le Concordat ; que les Empereurs ont confirmé le droit qu'a le Chapitre d'élire son Prevôt, & que les Papes l'ont eux-mêmes formellement reconnu par differentes Bulles ; en sorte que si cette contestation étoit pendante à la Rotte, le sieur Filzmaurice perdroit infailliblement son Procès. (c) Ce Bref ne seroit point un obstacle, parce qu'on tient pour maxime à

(c) *Concordatis non potest derogari per Papam.* Cardinal Puteus, Décis. de la Rot. 44. n. 22.

Rome, 1°. Qu'on ne doit point executer les Brefs & les Bulles où les Papes ont été surpris dans les faits, suivant la décision d'Alexandre III. *Patienter suftinebimus, fi non feceritis quod prava nobis fuerit infinuatione fuggeftum.* (*a*) 2°. Et que les Papes doivent executer inviolablement les Concordats, suivant la décision du Pape Jules III. *Decet Romanum Pontificem Concordiis inter Sedem Apoftolicam & Nationes Chriftianas initis firmiter inhærere, & ne eis contraveniatur efficaciter providere.* (*b*)

Il eft vrai que le Roy n'eft pas fans interêt dans cette conteftation. Mais Sa Majefté n'eft pas intereffée, comme fubrogée aux droits du Pape, ainfi que l'allegue le fieur Filzmaurice. L'interêt du Roy confifte dans le droit qui appartient au Souverain, de maintenir les Libertés, les droits & les Ufages des Eglifes de fes Etats, & de refifter aux entreprifes qui pouroient y donner atteinte, parce que le Pape ne peut déroger aux anciens Canons fur lefquels font fondées les Libertés des Eglifes, fans le concours du Souverain qui en eft le protecteur. (*c*) Dans l'efpece, le Pape n'ayant jamais eu de droit à la Prevôté de l'Eglife de Cambray, n'a rien à ceder au Roy par un Indult à cet égard.

La principale queftion du Procès, eft de fçavoir *fi les premieres Dignités après la Pontificale, & les principales dans les Collegiales, font refervées au Saint Siege par le Concordat Germanique.*

Le fieur Filzmaurice prétend établir, » qu'aux termes » du Concordat Germanique, la difpofition de la Prevôté » de Cambray eft refervée au Pape.

» 1°. Sur les termes mêmes du Concordat Germanique.

» 2°. Sur le fentiment des Docteurs.

» 3°. Sur l'execution que le Concordat a eu jufqu'à » prefent, foit à Cambray, foit dans les autres Eglifes » d'Allemagne foumifes au Concordat, & entr'autres dans

---

(a) Aux Decretales de refcript. cap. V.

(b) Bulle du 14 Sept. 1554. rapportée par Pinfon en entier. Des Indults, pag. 165.

(c) Convelli non poffe quæ & Sacerdotali Ecclefiaftica præceptione fulcirentur & Regia. Lett. XI. du Pap. Hil. Concil. de Labbe, Tom. IV. pag. 1046.

Premier Memoire, pag. 3.

3

» les Eglifes de Metz, Toul & Verdun, où le Roy nomme
» aux premieres Dignités, comme fubrogé aux droits du
» Saint Siege par des Indults particuliers.

» 4°. Sur la poffeffion du Pape à l'égard de l'Eglife de
Cambray. »

I.

*Les termes du Concordat contiennent-ils la referve
generale des premieres Dignités?*

Comme le §. *de cæteris* eft eft le fiége de la difficulté, il
eft neceffaire d'en rappeller les termes, tels qu'ils fe trouvent dans les premieres éditions & dans les Placards des
Empereurs, qui ont foumis l'Eglife de Cambray à l'exe-
tion du Concordat Germanique.

*De cæteris verò dignitatibus & Beneficiis quibufcumque fæ-
cularibus & regularibus vacaturis ultra refervationes prædictas majoribus dignitatibus poft Pontificales in Cathedralibus, & principalibus in Collegiatis exceptis, de quibus jure
ordinario provideatur per illos inferiores ad quos aliàs pertinet,
placet etiam nobis quod per quamcumque aliam refervationem,
gratiam expectativam, aut quamvis aliam difpofitionem fub
quacumque verborum formula factam vel faciendam, non im-
pedimus nos de illis cum vacabunt de Februarii, Aprilis,
Junii, Augufti, Octobris & Decembris menfibus, liberè dif-
ponatur per illos ad quos eorum collatio, provifio, præfen-
tatio, electio, feu quævis alia difpofitio pertinebat, referva-
tione, aliaque quavis difpofitione autoritate noftra factis, vel
faciendis nonobftantibus quibufcumque.*

Le fieur Filzmaurice dit que dans ce §. les premieres
Dignités des Cathédrales & les principales des Collegiales
font exceptées de l'alternative des mois. Mais cette exception, dit-il, emporte une referve en faveur du Saint Siege,
& non en faveur des Ordinaires.

Premier Memoir
pages 5, 6 & 7.

8

Voici ſes reflexions. Il n'y a jamais eu de ponctuation dans les Bulles de Rome. Ce qui a donné lieu aux differentsEditeurs de ponctuer le Concordat Germanique d'une maniere arbitraire.

Il y a des éditions où ces termes, *majoribus dignitatibus poſt Pontificales in Cathedralibus & principalibus in Collegiatis exceptis,* ſont mis en parentheſe ; il y en a où la parentheſe n'eſt fermée qu'après ces mots, *ad quos aliàs pertinet,* d'autres enfin où il n'y a point du tout de parentheſe.

Le ſieur Filzmaurice adopte la premiere lecture, qui n'eſt pas de ſon propre aveu, conforme à l'original du Concordat ; & comme la parentheſe, fermée après le mot *exceptis,* ne preſenteroit pas encore la reſerve generale des premieres Dignités qu'il veut établir, il met en principe qu'avant le Concordat le Pape avoit la nomination de preſque tous les Benefices en vertu des reſerves, qu'il n'a abandonné aux Ordinaires que les Archevêchés, Evêchés & Abbayes ; que dans la conceſſion du Pape portée par le §. *item placet nobis,* qui précede immédiatement le §. *de cæteris,* il n'eſt point fait mention des premieres Dignités ; & de ce que le Pape n'a pas abandonné dans le §. *item placet nobis,* les premieres Dignités aux Ordinaires, le ſieur Filzmaurice conclut qu'en les exceptant dans le §. *de cæteris,* de l'alternative des mois, le Pape ſe les eſt reſervées.

Il rend cette raiſon du ſens qu'il donne à ce §. L'exception ne peut être en faveur du Chapitre, qui n'y avoit rien avant le Concordat, qui ne pouvoit y avoir droit que par le Concordat, & qu'autant que le Concordat les auroit abandonnées en termes formels. * La collation de tous les Benefices appartenoit au Pape avant le Concordat, le Pape ne les a point cedés par le Concordat ; donc ils ſont reſtés reſervés au Saint Siege. Rien de plus naturel, que celui qui a tout, & qui cede preſque tout, ſe reſerve au moins ce qu'il excepte de la ceſſion.

Voilà ce que le ſieur Filzmaurice nous donne pour des principes certains, & pour des moyens ſi ſolides, qu'il pourroit, dit-il, s'en tenir-là.

Il ne reſteroit pas ſur ſes lauriers. 1°. Sur quel fondement, après avoir reconnu lui-même qu'il n'y a jamais eu de ponctuation dans les Bulles de Rome, veut-il nous donner le §. *de cæteris*, avec une parentheſe après le mot *exceptis* ? Dès qu'il convient que cette parentheſe n'eſt point dans le texte original, a-t'il pû faire ſerieuſement de cette parentheſe le principal fondement de ſon ſyſtême ? Et ſans examiner même le ſentiment des Auteurs, ne ſuffit-il pas que le ſieur Filzmaurice convienne lui-même qu'il n'y a point de parentheſe dans le texte original, pour détruire l'édifice élevé ſur la ſuppoſition de cette parentheſe ? Car c'eſt dans le texte original qu'on doit chercher le vrai ſens de ce Contrat, & l'intention des Parties contractantes.

Or en liſant ce §. ſans parentheſe, comme le bon ſens l'exige, puiſqu'il eſt conſtant entre les Parties, que l'original n'en contient point, nous trouverons ſans difficulté les premieres Dignités exceptées de l'alternative avec cette reconnoiſſance formelle du Saint Siege, qu'il y eſt pourvû, ou qu'il doit y être pourvû par les Ordinaires, *de quibus jure ordinario providetur*. On lit *provideatur* dans le texte envoyé à l'Egliſe de Cambray par le Placard de 1554.

Le Procès eſt décidé aux termes du texte original du Concordat, puiſque les premieres Dignités y ſont dans les termes du droit commun, & que le Decret irritant du Concordat eſt un obſtacle invincible à tout acte poſſeſſoire de la part du Saint Siege.

2°. Il eſt inconteſtable que le Concordat eſt une Transaction *super lite mota*, faite entre le Saint Siege & la Nation Germanique dans les termes du Droit, *aliquo dato, aliquo retento*.

Il eſt également certain que l'objet eſſentiel du Concordat, fut de reſtraindre les prétentions de la Cour de Rome. Pour s'en convaincre on n'a qu'à jetter les yeux ſur le Memoire des Allemans pour la réformation dans l'Hiſtoire du Concile de Conſtance de Lenfant, tom. 2. pag. 185. & ſur le projet de réformation preſenté aux Nations par le Pape, *idem* pag. 193. où il n'eſt point queſtion de la reſerve des premieres Dignités en tout genre de vacance.

Sur ces principes, nous avons ſoutenu dans un 1er Memoire, que la reſerve generale des premieres Dignités en tous genres de vacance étant inconnue avant le Concordat, il n'étoit pas poſſible de ſupoſer dans le Concordat une reſerve dont il n'avoit jamais été queſtion, infiniment plus onereuſe aux Collateurs ordinaires, plus exhorbitante & plus contraire au droit commun, que toutes celles qui ſe trouvoient anéanties ou reſtraintes par le Concordat; qu'alors le droit commun étoit entier à cet égard, & exigeoit par conſequent une dérogation expreſſe dans le Concordat, pour lui ſubſtituer une reſerve de cette nature.

Le ſieur Filzmaurice avoit d'abord établi ſon ſyſtême principalement ſur la troiſiéme Regle de Chancellerie, qu'il faiſoit concourir avec le Concordat, ſur la ſuppoſition que cette Regle qui contient la reſerve generale des premieres Dignités en tous genres de vacance, avoit été confirmée par le Concordat. On lui a fixé l'époque de l'introduction de cette Regle pluſieurs années après le Concordat; ce qui relegue la reſerve des premieres Dignités en tout genre de vacance dans les Pays d'obédience.

La ſieur Filzmaurice ſans abandonner cette Regle, qu'il
juge

juge à propos d'attribuer à Jean XXII, hafarde comme un principe, que cette referve generale exiftoit long-tems avant le Concordat; que le Pape avoit la nomination de tous les Benefices; & de cette fupofition il tire cette confequence, que le Pape n'ayant point cedé ces Benefices par une difpofition expreffe du Concordat, fe les eft refervés. Il les a exceptés, ajoute-t'il, de la ceffion qu'il a faite de fes droits aux Ordinaires.

De ce raifonnement même du fieur Filzmaurice, on peut conclure que s'il eft certain qu'il n'y avoit point de referve generale en tous genres de vacance avant le Concordat, fa prétention eft infoutenable; ce qui exige que nous examinions ici avec une nouvelle attention la queftion de fçavoir, fi la referve generale des premieres Dignités en tous genres de vacance, exiftoit avant le Concordat, c'eft-à-dire, fi, comme l'avance le fieur Filzmaurice, les premieres Dignités étoient à la difpofition du Pape.

Nous avons diftingué les referves qui exiftoient avant le Concordat, en differentes claffes. La referve de la vacance *in Curiâ*, la premiere de toutes; Celles comprifes dans les Extravagantes *execrabilis* & *ad regimen*, qui étoient en grand nombre, toutes déterminées generalement à de certains cas, & celles qui étoient connues fous la dénomination de Graces Expectatives & de Mandats Apoftoliques.

La referve generale des premieres Dignités en tous genres de vacance, exiftoit-elle avant le Concordat?

Si le fieur Filzmaurice avoit fait attention à cette diftinction, à la nature de toutes ces differentes referves, il fe feroit épargné la peine de rapporter le texte de la 23ᵉ feffion du Concile de Basle, pour prouver que la referve generale des premieres Dignités en tous genres de vacance, exiftoit avant ce Concile, & confequemment avant le Concordat.

Second Memoire, pag. 4. le fieur Filzmaurice cite la 25ᵉ. feffion, au lieu de la 23ᵉ.

Quia multiplices Ecclefiarum & Beneficiorum hactenus factæ per fummos Pontifices refervationes, non parum onerofæ extite-

B

runt, ipfas omnes tam generales, quam fpeciales aut particu-
lares, de quibufcumque Ecclefiis & Beneficiis, quibus tam per
electionem, quam collationem aut alias difpofitiones provideri
folet, five per Extravagantes ad regimen & execrabilis, five
per Regulas Cancellariæ aut alias Apoftolicas Conftitutiones in-
troductas, hac Synodus abolet.

Ce n'eft point la referve generale des premieres Dignités en tous genres de vacance, telle qu'on la trouve expliquée dans la troifiéme Regle de Chancellerie d'Innocent VIII, & que le fieur Filzmaurice veut la faire valoir, qui eft abolie par le Concile. Cette referve étoit inconnue. Le Concile abolit les referves generales de
toute forte de Benefices, qui étoient celles portées par les
Extravagantes *execrabilis & ad regimen*, qui comprenoient
même les Archevêchés, Evêchés & Abbayes, que le Concile diftingue par cette expreffion, *refervationes generales*,
des referves particulieres ou fpeciales que chaque Pape
faifoit, foit par des Regles de Chancellerie; car perfonne
n'ignore que tous les Papes renouvelloient les Regles de
Chancellerie à leur Pontificat, ou par quelqu'autre Conftitution particuliere, referves qui n'avoient lieu que pour
un tems, telles que les Mandats.

Mais aucune de ces referves, tant generales que fpéciales, ne comprenoit tous les genres de vacance d'aucun
Benefice. Ce n'eft point cette extenfion exhorbitante des
referves à tous les genres de vacance; extenfion dont on
ne trouve point d'exemple avant les Regles de Chancellerie d'Innocent VIII, qui a fait diftinguer les referves generales des réferves fpéciales. Pour s'en convaincre, on n'a
qu'à parcourir les Extravagantes *execrabilis & ad regimen*,
dont les referves font apellées generales, on n'y en trouvera pas une feule qui ne foit pour un genre de vacance fingulier.

On trouve donc la raifon des expreffions du Concile de

Basle fur l'abolition des referves, dans cette diftinction des Canoniftes, qui appellent referves generales, celles qui font inferées dans le Corps de Droit, & qui font perpetuelles, & referves fpéciales, celles qui n'ont lieu que pour un tems. (*a*)

Il eft évident que le Concile, lû avec cette attention, ne fournit point la preuve de l'exiftence de la referve generale des premieres Dignités en tous genres de vacance. Il eft bien vrai qu'on les trouve, ainfi que tous les autres Benefices, dans les referves introduites par les Extravagantes *execrabilis* & *ad regimen*, pour tous les cas qui y font énoncés; mais on défie le fieur Filzmaurice de nous indiquer aucune Conftitution, ou aucune forte de Regle, qui ait introduit la referve generale des premieres Dignités en tous genres de vacance, avant le Concordat, ni même avant la troifiéme Regle de Chancellerie faite par Innocant VIII, plufieurs années après le Concordat, pour les Pays d'obédience feulement.

Les termes, *refervationes generales*, dont fe fert le Concile de Basle, ne s'entendent donc que des referves perpetuelles appellées generales par tous les Canoniftes, pour les diftinguer de celles qui n'avoient lieu que pour un tems, & cette expreffion ne fçauroit s'appliquer à la referve des premieres Dignités en tous genres de vacance, parçe que fuivant les principes, on ne comprenoit fous la dénomination de referves generales, que les referves perpetuelles. On défie même le fieur Filzmaurice de rapporter un feul exemple de collation du Pape anterieure à la troifiéme Regle de Chancellerie d'Innocent VIII, faite en vertu d'une referve des premieres Dignités en tous genres de vacance. Nous avons un grand nombre de collations des Papes des premieres Dignités; mais il n'y en a pas une feule qui n'ait été faite dans l'un des genres de va-

(a) *Qui omnes affirmant, quod refervationes generales funt, dumtaxat illæ quæ funt inferta in corpore juris communis, quod illæ refervationes quæ perpetuæ non funt, non dicuntur generales, fed fpeciales: ac proinde cum inducta per regulas Cancellaria. funt temporales ad vitam Pontificis, illas edentis, confequenter dicuntur fpeciales & non generales.* Gonzales, fup-Reg. 8. Cancell. gloff. 35. n. 6. & 7. pag 368.

B ij

cance finguliers compris dans le corps du Droit, ou dans les Extravagantes *execrabilis* & *ad Regimen*, ou en vertu de Graces ou de Mandats *de providendo* : d'où il faut necef-fairement conclure que la referve generale des premieres Dignités en tous genres de vacance, n'exiftoit point au tems du Concile de Basle & du Concordat.

Premier Memoire, pag. 8.

L'Indult accordé aux Eglifes de Liege par Eugene IV. en 1441, fix années avant le Concordat, répand, dit le fieur Filzmaurice, beaucoup de lumieres, & leve toute équivoque. Par cet Indult le Pape accorde au Chapitre l'élection des Archevêchés, Evêchés, Monafteres & des premieres Dignités, dont il fe referve la confirmation ; donc la nomination à ces Dignités appartenoit au Pape.

Le fieur Filzmaurice n'auroit pas dû repeter cette erreur. Cette Bulle qu'il a produite fous le titre d'Indult, c'eft-à-dire, comme un privilege accordé par le Pape, eft un Concordat, une vraye convention, un vrai traité entre les Parties. C'eft ainfi que Nicolars, Auteur qui a adopté tous les principes Ultramontains, a intitulé cette Bulle qu'il rapporte dans fon Traité fur les Concordats, tit. 2. pag. 96. *Concordata Leodienfium cum Eugenio Papa IV. circa Beneficia.*

Il n'y a point à difputer là-deffus, il n'y a qu'à lire. Le texte de l'Acte porte expreffément une convention. Ce Concordat ne prouve point l'exiftence de la referve generale des premieres Dignités ; la convention ne roule que fur les prétentions du Pape, que le Concile de Basle venoit d'abolir, c'eft-à-dire, fur les referves generales de tous les Benefices portées par les Extravagantes *execrabilis* & *ad regimen* dans les cas y énoncés, & fur les Mandats & Graces expectatives. Tout ce qui refulte de ce Concordat, c'eft que l'Eglife de Liege ne fe feroit pas foumife dans la fuite au Concordat Germanique, fi ce dernier contenoit, comme le prétend le fieur Filzmaurice, la referve des premieres Dignités; car c'eft en vertu de ce dernier que·le Chapitre les confere. Ce Chapitre auroit-il voulu renoncer à l'avantage de fon Concordat particulier ?

L'appel comme d'abus du fieur de la Verdure des quatre Provifions de Cour de Rome que le fieur Filzmaurice lui a oppofées pour établir le droit & la poffeffion du Saint Siege, eft fondé fur ce que le Pape a conferé en vertu de la troifiéme Regle de Chancellerie, qui contient la referve generale des premieres Dignités en tout genre de vacance, incompatible avec le Concordat. Il a foutenu que toutes les collations faites avec la claufe *dudum fi quidem omnes dignitates in Metropolitanis poft Pontificalem majores, & principales in Collegiatis Ecclefiis tunc vacantes, & in antea vacaturas collationi & difpofitioni noftræ refervavimus*, font nulles, fuivant le Decret irritant du Concordat, qui déclare nul tout ce qui pourroit être fait en vertu d'une Regle nouvelle, & fuivant l'Ordonnance de Ferdinand du 9 Mars 1557. adreffée à Maximilien de Bergues Archevêque de Cambray, par laquelle cet Empereur déclare que les Regles de Chancellerie font également contraires anx Loix de l'Empire & au Concordat Germanique. Cette Ordonnance fe trouve dans le *Legatus Ecclef. pro Eccl. Cam.*

Le fieur de la Verdure fe trompe, dit-on. 1°. Ces termes, *dudum refervavimus*, n'indiquent aucune Regle de Chancellerie; mais ils defignent une ancienne referve à laquelle on ne peut affigner d'autre origine que celle dont parle le Concile de Basle; referve reftée dans toute fa force en confequence de l'exception portée par le Concordat. 2°. Il fe trompe encore, lorfqu'il avance que la troifiéme Regle de Chancellerie qui referve les premieres Dignités, eft l'ouvrage d'Innocent VIII.

Second Memoire du fieur Filzmaurice, pag. 15.

Le fieur Filzmaurice voudroit attribuer cette Regle à Jean XXII. Il cite le Concile de Basle, Doujat, Gomez, Rebuffe & Lenfant.

Nous avons démontré cy-deffus, que le texte du Concile de Basle ne prefente point l'abolition de la referve generale en tout genre de vacance des premieres Dignités, parce que cette réferve étoit inconnue, mais fimplement l'abolition des referves generalement de toute forte de Benefices portées par les Extravagantes *execrabilis* & *ad regimen*, dans les genres de vacance qui y font énoncés, appellées generales fuivant l'ufage & la définition des Canoniftes, comme on l'a obfervé, parce qu'elles étoient perpetuelles. Nous allons prouver ici que les Papes ne s'étoient point encore attribué la referve generale des premieres Dignités en tout genre de vacance, par aucune Regle de Chancellerie, avant le Concordat.

Nous avons obfervé dans le premier Memoire, qu'avant le Concordat Germanique les Papes avoient fait des réferves, ou accordé des expeétatives fur les premieres Dignités, comme fur tous les autres Benefices ; mais que ces réferves avoient toujours été limitées à de certains genres de vacances, ou à des cas particuliers, & qu'il n'y avoit eu jufqu'au Concordat, ni Regle de Chancellerie, ni aucune conftitution par laquelle les Papes fe fuffent attribué par une difpofition générale, la collation des premieres Dignités en tout genre de vacance. On a défié le fieur Filzmaurice d'en citer aucune.

Les Auteurs cités par le fieur Filzmaurice, qui ont avancé que le Pape avoit la collation des premieres Dignités des Eglifes régies par le Concordat Germanique, ont fondé leur opinion fur la troifiéme Regle de Chancellerie, qu'ils ont cru antérieure au Concordat. C'eft-là le principe de l'avis de Branden, de Laurenius & de l'Avocat Pitoni. Or cette Regle étant poftetieure au Concordat, le fuffrage même de ces Auteurs eſt contraire à la prétention du ſieur Filzmaurice.

Nous avons les Regles de Chancellerie que fit Innocent VIII, dans l'ordre dans lequel il les fit publier à ſon élevation au Pontificat en 1484. il n'y qu'à jetter les yeux ſur ces Regles pour ſe convaincre qu'il fut l'Auteur de la reſerve generale des premieres Dignités en tous genres de vacance. Les Regles de Chancellerie n'étoient dans leur origine ſous Jean XXII, que des Reglemens qui ne concernoient que l'expedition des Lettres de Chancellerie, Nicolas V. y ajouta quelque choſe touchant les Jugemens; (a) & s'il y avoit eu juſqu'alors quelque reſerve, elle ſe trouvoit inſerée dans les Extravagantes *execrabilis* & *ad regimen*.

C'eſt ce qui eſt parfaitement établi par les termes de la premiereRegle de Chancellerie d'Innocent VIII. *Imprimis reſervationes fecit ſimiles illis quæ in Conſtit. Benedicti Papæ XII. quæ incipit* ad regimen *continentur, & illas locum habere voluit, etiamſi Officiales in eodem Conſtit. expreſſi Apoſtolicæ Sedis ante obitum eorum eſſe deſierint quod ad Beneficia, quæ tempore quo Officiales erant obtinebant. Ac reſervavit Beneficia quæ per Conſtitutionem piæ mem. Jo. XXII. quæ incipit* execrabilis *vacant vel vacare contigerit.*

On voit qu'Innocent V I I I. rappelle expreſſément dans cette Regle les reſerves qui étoient établies, & ajoute la reſerve des Benefices obtenus par les Officiers du Pape, quoiqu'ils ne fuſſent plus Officiers au tems de leur decès. Il n'en uſe pas de même dans la ſeconde & dans la troiſiéme Regle.

Il fait dans l'une la reſerve des Archevêchés, Evêchés & Monaſteres, & dans la troiſiéme celle des premieres Dignités dans les Cathédrales après la Pontificale, & des principales dans les Collegiales, en tout genre de vacance,

(a) *Apparet ergo primitus etiam uſque ad tempus Nicolai V. qui ſedit ſub medium XV. ſæculi Regulas Cancellariæ unicè pene reſpexiſſe formam expediendi litteras, & judicia Cancellariæ reddenda, non autem reſervationes Beneficiorum.* Vaneſpen, pag. 1. tit. 23. 1. n. 34.

fans rappeller ni confirmer aucune ancienne referve, comme dans la premiere Regle, parce qu'il n'y en avoit point
de cette efpece.

S'il y avoit eu alors une réferve de cette nature, il s'en
feroit tenu à la rappeller & à la confirmer, comme il avoit
fait dans la premiere Regle, les réferves portées par les
Extravagantes *execrabilis* & *ad regimen*. C'eft donc une
nouvelle réferve qu'il introduit. Ou il faut s'infcrire en
faux contre la Conftitution d'Innocent VIII, publiée le
14 Septembre de l'année de fon élévation au Pontificat,
ou il eft inconteftable, 1°. que le Pape Innocent VIII. eft
l'Auteur de la troifiéme Regle de Chancellerie, devenue
dans la fuite la quatriéme. 2°. Que la réferve des premieres Dignités en tout genre de vacance, portée par cette
Regle, n'exiftoit point alors, ni dans aucune Regle antérieure, ni dans aucune Conftitution, puifque le Pape n'en
rappelle ni n'en confirme aucune, comme il l'avoit fait à
l'égard des réferves déja établies.

Ce fait n'eft point contredit par Doujat. Son avis eft
conforme à celui de Vanefpen. On ne conçoit pas l'aveu-
glement du fieur Filzmaurice ; car il n'y a qu'à lire les termes mêmes qu'il rapporte de Doujat, pour être convaincu
que cet Auteur a penfé qu'il ne fut point queftion de la
réferve des premieres Dignités en tout genre de vacance
dans les Regles de Chancellerie jufqu'à Nicolas V. qui y
a ajouté fingulierement quelques Regles concernant les
Jugemens. *Simul utiliores Decefforum fuorum Regulas colli-
gens, ac plures alias adjiciens judiciales.* Le fentiment de
Rebuffe ne differe point de celui de Doujat & de Vanefpen. Il attribue à Jean XXII. l'origine des Regles de
Chancellerie, mais il en limite de même l'objet aux expé-
ditions des Lettres. Gomez eft du même fentiment. *Com.
in Reg. quæft. 1. §. 1.*

Comment

Comment ce dernier Auteur auroit-il pû attribuer
à Jean XXII. la troisiéme Regle de Chancellerie
d'Innocent VIII, qui contient la reserve des premieres
Dignités en tout genre de vacance, après avoir dit à l'endroit cité, que les Regles de Chancellerie dont Jean
XXII. fut l'Auteur, ne concernoient que l'expédition des
Lettres de la Chancellerie ? Une contradiction si absurde
ne se trouve point dans Gomez. En effet, à l'endroit cité
par le sieur Filzmaurice, Gomez ne dit point, comme il
veut le lui faire dire, que la réserve de la troisiéme Regle
de Chancellerie est du nombre de celles que fit Jean XXII.
Gomez traite la question, sçavoir si celui qui a été élû &
confirmé par un Evêque suspens ou excommunié, a un
titre coloré. Il soutient l'affirmative, à l'exception du cas
de la simonie, ou d'une réserve. Il rapporte un Jugement
de la Rote sur la collation de l'Ordinaire d'une premiere
Dignité dans une Collegiale, dans un cas singulier de nullité, qui jugea le Benefice réservé par la troisiéme Regle de
Chancellerie, à quoi l'Auteur ajoute, *quæ fuit de antiquio-
ribus reservationibus Curiæ per Joan. XXII. introductis.* Le
sieur Filzmaurice applique cette remarque à la troisiéme
Regle de Chancellerie, pendant que l'Auteur ne parle que
d'un cas singulier qui se trouve compris dans les reserves
de l'Extravagante *ad regimen,* dont Jean XXII. est l'Auteur.

Lenfant ne rapporte point qu'il y eût dans aucune Regle de Chancellerie avant le Concordat Germanique, une
reserve generale, telle que celle qui fut faite par Innocent
VIII, par sa troisiéme Regle. Cet Historien n'entre dans
aucune discussion à ce sujet; il parle simplement à l'endroit cité (*a*) par le sieur Filzmaurice, de la conduite de
Martin V, de son empressement à faire dresser des Regles
de Chancellerie, dans lesquelles il avoit confirmé les réserves déja connues. Lenfant rapporte que la Nation Alle-

C

(*a*) Hist. du Con
cil. de Const. pag.
173. 174. & 175.

mande préfenta un Memoire aux Commiffaires de la Réforme , & demanda entr'autres chofes *que les refervations exceffives portées par les Regles de Chancellerie , feroient abolies.*

De-là le fieur Filzmaurice conclut que les Regles de Chancellerie exiftoient avant le Concordat. Mais s'enfuit-il qu'il y eût une Regle qui contînt la réferve portée par la troifiéme Regle d'Innocent VIII ? Le Sr Filzmaurice prouve inutilement qu'il y avoit des referves & des Regles de Chancellerie. Cela n'eft point contefté. Mais il n'y avoit ni Conftitution ni Regle de Chancellerie qui contînt la réferve des premieres Dignités en tout genre de vacance , que fit Innocent VIII, dans fa troifiéme Regle de Chancellerie.

On vient de voir que les autorités citées par le fieur Filzmaurice , fe reduifent à prouver qu'il y avoit avant le Concordat des referves & des Regles de Chancellerie. On ne l'a jamais contefté. Mais nous avons prouvé par l'explication des differentes efpeces de referves , que l'expreffion du Concile de Basle , *refervationes generales* , ne peut s'entendre de la referve des premieres Dignités en tout tout genre de vacance , alors inconnue ; que le Concile & les Auteurs ne fe font fervis de cette expreffion en parlant des referves , que pour diftinguer par les réferves generales celles qui étoient perpetuelles , de celles qui étoient temporelles , qu'on appelloit par cette raifon fpeciales ou particulieres ; & que la Conftitution d'Innocent VIII, qui contient fes Regles de Chancellerie , porte la démonftration qu'il eft l'Auteur de la réferve dont il s'agit dans fa troifiéme Regle. Or le fieur Filzmaurice ne pouvant citer aucune Regle , ni aucune Conftitution autérieure au Concordat, qui contienne la réferve des premieres Dignités en tout genre de vacance, on pourroit regarder comme un fait conſtant que cette réſerve n'exiſtoit point avant le Concordat.

Cependant voici encore des preuves que le droit commun n'avoit point reçu d'atteinte à cet égard au tems du Concordat, par une réſerve des premieres Dignités en tout genre de vacance, auſquelles le ſieur Filzmaurice ne répliquera pas. Car nous oppoſons l'autorité même du Saint Siége à ſa prétention.

Comment ſeroit-il poſſible en effet de concilier la réſerve des premieres Dignités en tout genre de vacance avec la gloſe de la Décretale *Litteras veſtras*, qui atteſte le droit de la collation du Chapitre de Saint Wiſcard de Bremen de ſa Prevôté, & la Décretale *Dudum ad audientiam*, rapportée par Gonzales, (a) qui atteſte le droit de l'Egliſe des Saints Apôtres de Cologne. Sur cette Décretale & ſur celle *Bonæ memoriæ*, adreſſée à l'Egliſe de Mayence, cet Auteur obſerve, que ſi l'élection de l'Archevêque étoit nulle, elle ſeroit dévolue au Saint Siége, parce que cette Egliſe lui eſt ſoumiſe ; mais qu'à l'égard des Dignités inférieures, la dévolution ſe fait au Supérieur immédiat en cas de nullité. (b)

La Décretale *Conſtitutis de appellationibus*, porte que la Prevôté de Metz étoit à la collation du Chapitre.

Comprend-t'on que cette réſerve eût été omiſe dans les Regles de Chancellerie que Martin V, Auteur du premier Concordat Germanique, fit publier en 1417, ſi elle eût exiſté alors ? Lenfant a rapporté ces Regles dans ſon Hiſtoire du Concile de Conſtance, tom. 2. ſur la foy du Docteur Vanderhart, qui les avoit tirées des Manuſcrits de Vienne & de Leipſic. On ne trouve point dans ces Regles la réſerve des premieres Dignités en tous genres de vacance.

Que répondra le ſieur Filzmaurice au Concordat du même Pape Martin V. de 1418 ? (c) Ce Concordat rappelle

---

(a) L. 1. Decretal. tit. VI. *de elect. & elect. poteſt. cap. 21. cap. Dudum ad Audientiam.*

(b) *In aliis verò inferiobus officiis electio devolvetur ad immediatum ſuperiorem.*

(c) *De cæteris Dignitatibus & Beneficiis quibuſcumque, ſæcularibus & Regularibus vacaturis ultra reſervationes jam dictas : majoribus Dignitatibus poſt, &c. exceptis :. de quibus jure ordinario provideantur per illos inferiores, ad quos aliàs pertinet: nec computentur in turno ſeu vice eorum, &c.* raporté par Lenfant, tom. 2. pag. 428. & ſuivantes.

exactement toutes les réserves, lesquelles y font reſtraintes ou modifiées. Non-feulement on n'y trouve aucune trace de la réſerve dont il s'agit, mais on y trouve au contraire une reconnoiſſance formelle que la collation des premieres Dignités appartient aux Ordinaires. *De quibus jure ordinario provideatur per illos inferiores ad quos aliàs pertinet.* Quelle preuve plus frappante peut-on deſirer de l'état du droit commun alors à l'égard de la collation des premieres Dignités ? Car il eſt inconteſtable que cette réſerve n'exiſtoit pas, puiſque le Pape n'auroit point reconnu le droit des Ordinaires, fans avoir aboli ou modifié cette réſerve par une diſpoſition antérieure, ainſi qu'il en avoit uſé ſur les réſerves exiſtantes.

Cette réſerve auroit-elle donc été introduite depuis le Concordat de Martin V. juſqu'à celui de Nicolas V? Si on pouvoit le ſuppoſer, feroit-il permis de préſumer qu'on eût adopté dans le ſecond Concordat une prétention ſi récente, & ſans reſtriction, celle de toutes les reſerves la plus onéreuſe ?

Enfin cette réſerve n'exiſtoit pas encore en 1438. c'eſt-à-dire, neuf ou dix ans avant le Concordat. La preuve ſans réplique s'en tire du troiſiéme Chapitre de la Pragmatique de l'Empereur Albert II. concernant l'execution du Concile de Baſle, conçu en ces termes : *Romanus Pontifex Majores Eccleſias, Metropoles ſilicet atque Epiſcopales Collegiataſque, aut eas quibus Abbates præficiuntur, & Eccleſiaſticas dignitates, quæ per electionem ſibi deligere Rectorum conſueverint, nemini reſervato : præter eas, quæ jure ſcripto, vel Romani Pincipatús cauſa ſibi permittuntur.* (a)

(a) Cette Pragmatique ſe trouve dans le Recueil de Golsdat Heymensfeld, ... Conſtitut. Imp. t. m. 1. pag. 401.

Cet Empereur auroit-il atteſté dans une Loy ſolemnelle, que les Egliſes étoient dans la poſſeſſion du droit d'élire à leurs Dignités, *quæ per electionem ſibi deligere Rectorum conſueverunt,* ſi la réſerve de ces mêmes Dignités eût exiſté alors ? Que le ſieur Filzmaurice nous indique donc la Loy qui contient cette prétendue réferve , & fon époque antérieure au Concordat.

Peut-on concilier encore cette prétendue réferve établie avant le Concordat , avec la poffeffion continuée jufqu'au tems du Concordat, des Eglifes de Mayence, de Strafbourg , de Liege & de Cambray , d'élire aux premieres Dignités? Cette poffeffion eft prouvée par les Tables Chronologiques du *Gallia Chriftiana*. (a)

De-là on doit conclure , 1°. que la réferve des premieres Dignités en tout genre de vacance , n'ayant point exifté avant le Concordat , auroit exigé une difpofition expreffe dans le Concordat , & qu'il eft impoffible de la fuppofer introduite par ce traité , dont l'objet étoit de modifier des réferves déja établies , bien moins onéreufes aux Ordinaires , & non d'en établir de nouvelles jufqu'alors inconnues. 2°. Que la claufe *Dudum refervavimus*, dont le Pape s'eft fervi jufqu'ici , de l'aveu du fieur Filzmaurice (b) dans toutes les collations qu'il a faites des premieres Dignités , tant dans l'Eglife de Cambray que dans la Collegiale de Saint Gery , marque , comme il le dit , une ancienne réferve , mais poftérieure au Concordat , qu'on ne peut attribuer qu'à la troifiéme Regle de Chancellerie d'Innocent VIII. le premier monument de la Cour de Rome où il ait été queftion de cette réferve , & qui eft par conféquent incompatible avec la Loy du Concordat, qui a annullé toute nouvelle réferve par un Decret irritant.

(a)Tom. 3.p. 64 913 & fuivantes,tom 53. pag. 55 & 822.

(b) Second Memoire, pag. 14.

I I.

Sentimens des Auteurs fur l'intelligence du Concordat.

Le Concordat Germanique eft inconteftablement une

tranſaction. Ce traité examiné ſur ce principe , il eſt démontré qu'on ne peut y ſuppoſer la réſerve des premieres Dignités en tout genre de vacance ; parceque cette réſerve ayant été inconnue avant le Concordat , comme on vient de l'établir , & le Concordat n'en ayant fait aucune mention , il eſt impoſſible de la ſuppoſer dans cette Loi.

On a fait voir dans le premier Mémoire que la plus ſaine partie des Auteurs ont lû le Concordat ſur ce principe , & ſoutenu cette opinion. Nous avons cité Fagnan , Gonzalez , Lhotterius , le Cardinal Puteus, Chokier , Tournely , Æneas Sylvius, Vaneſpen, Blondeau, le Pere Hardouin, le Pere Thomaſſin , Pinſon , Dubois , Heiſſ, & Goldaſt.

Parmi ces Auteurs , le ſieur Filz-Maurice reclame les ſuffrages de Fagnan , de Gonzalez , de Lotherius , de Chokier , du Cardinal Puteus, d'Æneas Sylvius, du Pere Thomaſſin , de Vaneſpen , de Frapaolo même , & de Dumoulin.

Le ſieur Filzmaurice rapporte les termes de la Lettre 338. d'Æneas Sylvius au Chancelier de l'Electeur de Mayence, d'où il conclut que cet Auteur eſt pour la réſerve dont il s'agit.

Il paroîtroit bien étrange que cet Auteur, Nonce du Pape en Allemagne, ſe fût déclaré contre les réſerves : il atteſte dans cette Lettre que le Pape ne rejette aucune élection Canonique, *nulla electio rejecta quam conſtat fuiſſe Canonicam :* Il prend enſuite ce tempérament pour ne pas détruire les réſerves; quoique perſonne , dit-il , ne puiſſe imputer au Pape de s'être réſervé les premieres dignités , cela n'auroit rien de contraire aux Concordats.

Si nous en reſtons là , ſuivant la citation du ſieur Filzmaurice , n'eſt-il pas évident qu'Æneas Sylvius ne décide point que cette réserve ait été faite par le Concordat ? Mais ce qui suit est décisif ; c'est par cette raison que le sieur Filzmaurice l'a retranché dans sa citation. Æneas Sylvius ajoute tout de suite, *non tamen invenientur facilè reservationes Beneficiorum, nisi pro Cardinalibus, aut aliquibus fortasse maximis viris ab eadem sanctitate emanasse.* Ce Nonce répondant à des plaintes sur les réserves, auroit-il déclaré qu'on n'en trouveroit pas facilement des exemples, si ce n'est pour des Cardinaux, ou peut-être pour des personnes de la plus grande distinction, s'il eût pensé que la réserve des premieres Dignités appartenoit au Pape en vertu du Concordat ?

Le sieur Filzmaurice cite avec emphase ces termes tirés d'une autre Lettre d'Æneas Sylvius, qu'il dit être la trois cens soixante-neuviéme, *nam Concordata ipsa dignitates primas, &c. Apostolicæ Sedis dispositioni permittunt.*

Ce passage se trouve dans la trois cens quatre-vingt-troisiéme Lettre, & non dans la trois cens soixante-neuviéme ; mais cette derniere Lettre explique les motifs du nouveau sentiment de l'Auteur. Il paroît par cette Lettre qu'il s'étoit fait pourvoir de la Prevôté de Wormes par la Cour de Rome, qu'il abandonna ensuite au Chapitre qui reclamoit son droit d'élection dont il avoit usé. *Nam quamvis spreti fuerimus à Capitulo, quia tamen naturâ litigiosi non sumus, decrevimus bonum pro malo rependere.*

Est-il bien étonnant après cela que ce Cardinal, à la suite d'une entreprise qu'il avoit été contraint d'abandonner, ait soutenu dans une Lettre que les Concordats ne sont point un obstacle aux réserves des premieres Dignités ; car il ne dit pas qu'ils contiennent la réserve : il mesure ses termes, *permittunt* ; ce qui ne détruit point sa reconnoissance portée par sa Lettre 338. *qu'on ne trouveroit pas aisément des exemples d'une telle réserve en Allemagne.*

On aura de la peine à comprendre par quel art le sieur Filzmaurice peut attirer à lui l'autorité de Vanespen. Cet Auteur, pag. 11. tit. 32. ch. 4. art. 18. & 19. (a) atteste que les Dignités ne sont point comprises dans les réserves. *Quin & passim dignitates electivæ collativæ ab hac reservatione sunt solutæ, ipsaque Capitula liberè eas in omnibus mensibus eligendo conferunt.*

(a) Le sieur Filz-maurice, second Mém. p. 20. le cite art. 5. l'on n'y trouve pas un mot du passage qu'il a rapporté, & qu'on rapporte ici.

Vanespen distingue les Dignités électives confirmatives de celles qui sont collatives. Les premieres sont exemptes de la réserve, parce que le Pape, dit le sieur Filzmaurice, ne s'est jamais réservé la Collation & la Confirmation ensemble. De-là, la Maxime, *Dignitates electivæ confirmativæ à reservatione sunt exemptæ.* L'élection du sieur de la Verdure ayant été faite de son aveu dans la forme prescrite par le Concile de Latran, *cap. quia propter,* est nulle par le défaut de confirmation. A l'égard des autres Dignités électives confirmatives, elles ne sont pas réservées par cette raison qu'en rend le même Auteur, *quia ipsius Capituli regimen ac disciplinam concernunt.*

Vanespen ajoute ici, continue le sieur Filzmaurice : *Nisi quod hodiè ferè omnes primæ Dignitates in Collegiatis, & Majores post Pontificales in Cathedralibus, nominationi Regiæ ex indulto Pontificis sint subjectæ.*

De-là le sieur Filzmaurice conclut hardiment que les premieres Dignités sont à la collation du Pape, selon Vanespen.

Cependant Vanespen décide nettement que les premieres Dignités ne peuvent être comprises dans les réserves. La distinction des Dignités confirmatives & des collatives, est parfaitement étrangere à cette contestation, où il ne s'agit point d'une Dignité confirmative. On défie le sieur Filzmaurice de rapporter les termes de l'aveu prétendu du sieur de la Verdure ; la question du Procès est

de

de sçavoir si les premieres Dignités sont réservées au Pape. Le sieur Filzmaurice n'a-t-il pas prononcé lui-même contre cette réserve , en reconnoissant dans l'objection ci-dessus , que la réserve ne peut avoir lieu à l'égard des Dignités confirmatives , suivant la maxime qu'il rapporte , *Dignitates electivæ confirmativæ à reservatione sunt exemptæ* , & que les Dignités électives collatives sont également à la disposition des Chapitres , en nous donnant cette raison qu'il adopte , *quia ipsius Capituli regimen ac disciplinam concernunt?* De l'aveu du sieur Filzmaurice , la Prevôté de l'Eglise de Cambray ne peut donc être réservée au Pape , soit qu'elle soit considerée comme élective confirmative , soit qu'on la regarde comme élective collative.

Mais comment le sieur Filzmaurice , après nous avoir accusé d'infidelité , a-t-il osé rapporter la distinction de Vanespen sous le même titre , où cet Auteur atteste que les premieres Dignités sont à la disposition des Chapitres , & dire que cet Auteur ajoute en cet endroit , *nisi quod hodiè ferè omnes primæ dignitates.... nominationi Regiæ ex indulto Pontificis sint subjectæ* ; pendant qu'il n'y a pas un mot de tout ce qu'il rapporte de cet Auteur , ni dans le chap. premier, art. 4. qu'il cite du tit. 23. de la seconde Partie , ni même dans tout le titre en entier? Mais d'ailleurs , peut-il être question d'Indult sous la Loy du Concordat Germanique? Il n'y en a point d'exemple.

Le sieur Filzmaurice cite encore Vanespen à l'endroit où il rapporte le decret du Concile de Basle qui abolit les réserves; & ce que dit cet Auteur au sujet de l'Allemagne , *ubi reservationum usus in multis ipsi Sedi Apostolicæ conserva-tur , uti ex textu Concordatorum cuique obvium est videre ;* d'où il conclut , 1°. Que suivant cet Auteur , la réserve des premieres Dignités exiſtoit avant le Concordat. 2°. Que cette réſerve eſt dans le Concordat.

Qu'il y eût des réſerves avant le Concordat, qu'il y en ait même dans le Concordat, cela n'a jamais été conteſté ; mais vouloir en conclure que les premieres Dignités étoient réſervées avant le Concordat, & l'ont été par le Concordat en tout genre de vacance, c'eſt un abſurdité palpable.

Vaneſpen ne parle que des réſerves abolies par le Concile de Baſle. Or on a démontré ci-deſſus que parmi ces réſerves, celle dont il s'agit étoit inconnue, & il ne la déſigne point par ces termes : *Ubi reſervationum uſus in multis.*

Mais où trouve-t-on, dit le ſieur Filzmaurice, dans le Concordat même les réſerves conſervées au Saint Siége en pluſieurs choſes, *in multis* ? Nous n'en trouvons que deux bien exprimées ; la premiere, l'alternative dans le §. *De cæteris* ; & la ſeconde, la réſerve des premieres Dignités exceptées de l'alternative, qui ne ſont point abandonnées aux Ordinaires. Les anciennes réſerves des premieres dignités ſont donc conſervées au Pape par le Concordat même, *uti ex textu Concordatorum, &c*

Ne diroit-on pas à entendre le ſieur Filzmaurice que le §. *de cæteris* contient toutes les diſpoſitions du Concordat, & en même-tems une diſpoſition expreſſe qui réſerve les premieres Dignités ? Cependant ſi on veut lire le Concordat, on trouve dans les premiers paragraphes la plus grande partie des réſerves portées par les Extravagantes *execrabilis* & *ad Regium.* N'eſt-il donc pas évident que ce texte de Vaneſpen, qui a atteſté ailleurs que les premieres Dignités ne ſont point ſoumiſes à la réſerve en tout genre de vacance, ne peut s'entendre des premieres Dignités,

& ne s'applique qu'aux réferves confervées par les premiers paragraphes du Concordat , lefquelles font en grand nombre , mais abfolument differentes de la réferve dont il s'agit ? Le Concordat permettoit - il au fieur Filzmaurice d'avancer qu'il ne contient que deux réferves ?

Il feroit inutile de s'arrêter à ce que le fieur Filzmaurice rapporte de Vanefpen concernant les Eglifes de Flandres : cela eft étranger à la conteftation , ainfi que le Concile de Trente , inutilement cité par le fieur Filzmaurice.

Le fentiment de Fagnan eft encore une autorité dont *Idem* , pag. 24. le fieur Filzmaurice veut s'emparer. On a obfervé que cet Auteur , après avoir dit que les réferves ont réduit à rien en Italie le droit que les Chapitres avoient d'élire leurs premieres Dignités, ajoute enfuite : *Dixi in Italia , quia in Capitulis Germaniæ falvum manet jus eligendi juxta Concordata de quibus in Conflitutione Nicolai V. edita anno* 1447. On a cité cette autorité de Fagnan avec cette obfervation , que le terme de *Prælatum* dont il fe fert , ne peut s'appliquer en cet endroit qu'aux premieres Dignités , appellées très-fouvent *Prélatures* dans le droit & dans l'ufage. On a ajouté que dans ce paffage Fagnan n'a certainement entendu parler que des premieres Dignités ; qu'il n'y eft point queftion des Evêchés , parce que l'Auteur commence ainfi l'article cité : *Similiter in tertia regula Papa refervat difpofitioni fuæ omnes dignitates majores poft Pontificales , valorem decem florenorum auri excedentes.* De-là on a conclu qu'il n'étoit point queftion de l'élection des Evêchés , mais des premieres Dignités , fur la collation defquelles porte le fentiment de l'Auteur dans l'article 11. *comment. in* 2. *p. prim. decret. de Elect. cap. nullus.* L'Auteur ne parle dans cet article que de l'ufage de la troifiéme regle de Chancellerie, qu'il relegue, comme on voit, dans les Pays d'obédience.

Qu'a fait le sieur Filzmaurice sur cette citation, pour critiquer celle du sieur de la Verdure ? Au lieu du nombre 11. il cite le nombre 2. dont il a rapporté deux lignes qu'il a liées avec quelques lignes des nombres 7. 8. 9. 10. & 11. ce qui confond le sentiment de l'Auteur sur l'usage de la seconde & de la troisiéme regle de Chancellerie, que l'Auteur distingue parfaitement ; c'est avec le secours de cette supercherie, qu'il donne au mot *Prælatum* la signification de l'Episcopat, dans Fagnan, parce qu'au moyen de cet arrangement, ce terme ne se trouve point dans la citation à la suite d'un article où l'Auteur ne parle que des premieres Dignités. Ce mot ainsi artificieusement placé, il en conclut qu'il ne signifie autre chose qu'*Evéque*, & c'est sur ce titre qu'il a la hardiesse d'accuser son Confrere *de honteux artifices*. Il est aisé maintenant de juger du mérite d'une telle accusation.

Mais est-on d'ailleurs coupable de honteux artifices pour avoir entendu les *premieres Dignités* par le terme de *Prélatures* ? Nous y sommes autorisés par Fagnan luimême, *loc. cit.* num. 6. où l'Auteur dit, *Si verò Ecclesia Patronum non habeat, statutum est ut Episcopus provideat ei de Prælato, cum omnes Ecclesiæ Diæcesis in potestate ejus sint constitutæ.* On pourroit citer la plûpart des Canonistes & une infinité de textes du Droit, où le terme de *Prélature* est donné aux Dignités.

Le sieur de la Verdure a reclamé le suffrage de Chokier, sur le fondement de ce que dit cet Auteur sur la troisiéme regle de Chancellerie, n. 16. dont on a rapporté ces termes : *Imò sublata est in Germania per Concordata, quibus jure ordinario de prædictis dignitatibus erit providendum per*

illos inferiores ad quos collatio, electio, seu quævis alia disposi-
tio pertinet, ut constat per Constitutionem Nicolai V. in versu
de cæteris. Sur ces termes on a cru pouvoir avancer
hardiment que Chokier a dit, que suivant le Concordat, les premieres Dignités sont à la disposition des
Ordinaires.

Le sieur Filzmaurice assure qu'on a falsifié ce passage; & pour le prouver, il le rapporte lui-même en entier, en y ajoutant après ces mots, *De prædictis dignitatibus*, ceux-ci, *non majoribus*, qui ne sont point dans Chokier. (a) Peut-on concevoir la hardiesse & la témérité du sieur Filzmaurice? Le sieur de la Verdure a rapporté mot pour mot le texte de Chokier, & le sieur Filzmaurice le rapporte en y ajoutant ces mots: *Non majoribus*, qui conviennent à sa prétention; c'est en faisant cette addition qu'il accuse le sieur de la Verdure d'avoir falsifié ce passage. N'est-il pas lui-même coupable de cette supercherie? N'est-il pas pris ici sur le fait? Car ces mots, *non majoribus*, ajoutés au texte, renversent entierement le sens de l'Auteur.

Chokier après avoir rapporté la sixiéme Regle de Chancellerie d'Innocent VIII, qui ne comprenoit que les Dignités majeures après la Pontificale, dit que ses Successeurs étendirent cette réserve aux premieres Dignités, *post Métropoles & Patriarchales*, & aux Dignités inférieures; mais que, comme cette réserve étoit générale & avoit lieu en tout tems, elle fut restrainte par la Regle de *alternativa & denique*, continue l'Auteur, *multò restrictior facta est, imò sublata est in Germania per Concordata, quibus jure ordinario de prædictis dignitatibus erit providendum, &c.* Ce qui comprend toutes les Dignités sans distinction.

Au moyen de l'addition du sieur Filzmaurice de ces termes, *non majoribus*, après le mot, *dignitatibus*, il restraint le sentiment de cet Auteur aux Dignités inférieures;

& nous impute témerairement d'avoir *fauſſement* avancé que le ſentiment de Chokier eſt contre la réſerve dont il s'agit.

Si le ſentiment de Chokier étoit équivoque dans le paſſage rapporté par le ſieur Filzmaurice avec ſi peu de fidelité , ce que dit cer Auteur ſur la VIIIe. Regle de Chancellerie , gloſſ. XI. n. 3. où il parle encore des Concordats Germaniques, leveroit toute difficulté. Voici ſes termes : *Tertiò , in cæteris Dignitatibus & Beneficiis quibuſcumque tam Sæcularibus , quam Regularibus , vacaturis in menſibus Januarii...... exceptis tamen majoribus Dignitatibus poſt Pontificales in Cathedralibus , & Principalibus in Collegiatis Eccleſiis , de quibus jure ordinario erit providendum per illos inferiores ad quos aliàs collatio , proviſio , præſentatio , electio, ſeu quævis alia diſpoſitio pertinet.* Cette déciſion eſt claire.

Il n'eſt pas inutile d'obſerver que ſon ouvrage fut dédié au Pape Gregoire XV.

Le ſieur de la Verdure a cité Gonzalez en ces termes : Gonzalez , très-ſçavant Canoniſte, explique le Concordat de la même maniere que Chokier. *In cæteris verò Dignitatibus & Beneficiis quibuſcumque , tam Sæcularibus quam Regularibus , exceptis majoribus Dignitatibus , poſt Pontificales in Cathedralibus & principalibus in Collegiatis , de quibus jure ordinario erit providendum.* On a obſervé que cet Auteur ne doit point paroître ſuſpect, ſon Ouvrage étant dedié à la Rotte.

2, Mem. pag. 27. Le ſieur Filzmaurice accuſe ici le ſieur de la Verdure de *falſifications groſſieres.* Il laiſſe là , dit-il , ce paſſage ainſi tronqué dans le deſſein de faire rapporter le verbe *providendum* à *majoribus Dignitatibus ;* enfin il retranche du paſſage ces mots, *per illos inferiores , ad quos collatio , præſentatio , ſeu quævis alia diſpoſitio pertinebat ,* qui montrent que le verbe *providendum*, se rapporte à ces mots, *in cæteris verò Dignitatibus & Beneficiis quibuscumque*, & que ces autres mots, *exceptis majoribus Dignitatibus in Cathedralibus & principalibus in Collegiatis*, étant entre deux parenthèses, la construction est juste, au lieu qu'il n'y en auroit point autrement. De-là le sieur Filzmaurice conclut que Gonzalez distingue, comme Chokier, les plus grandes Dignités, des Dignités non majeures, en réservant les premieres au Pape, & en livrant les autres à l'alternative.

La mauvaise foi du sieur Filzmaurice est inconcevable. Voici mot pour mot le texte de ce passage de Gonzalez en entier (a). *In cæteris verò Dignitatibus, & Beneficiis quibuscumque, tam Sæcularibus quam Regularibus (exceptis majoribus Dignitatibus post Pontificales in Cathedralibus, & principalibus in Collegiatis Ecclesiis, de quibus jure ordinario erit providendum per illos inferiores, ad quos aliàs collatio pertinet) PP. sibi reservat omnia prædicta Beneficia vacatura in mensibus, &c.*

Le sieur de la Verdure n'avoit rapporté de ce passage que les termes suffisans pour assurer le sentiment de l'Auteur. Qu'on compare sa citation avec le texte ci-dessus, on voit que sa citation est exacte. Où est donc cette *falsification grossiere* que le sieur Filzmaurice lui impute ? c'est dans le Memoire du sieur Filzmaurice qu'on la trouve ; c'est le sieur Filzmaurice qui est lui-même coupable de la fraude qu'il reproche à son Confrere.

En effet, la citation du sieur Filzmaurice, comparée avec le texte de l'Auteur, on voit, 1°. Qu'il retranche le mot, *aliàs* ; 2°. Qu'il y ajoute ceux-ci, *præsentatio, seu quævis alia dispositio* ; 3°. Qu'il substitue le mot, *pertinebat*, à *pertinet*, qu'on lit dans le texte ; 4°. Et enfin, qu'il ferme la parenthèse après ce mot, *in Collegiatis*, au lieu que

(a) *Super Reg.* 8. *Cancell. som. glsff.* 20. *pag.* 356. *n.* 4. §.7. *edit.* 1615. où cet Auteur explique les Concordats Germaniques.

dans le texte l'Auteur n'a fermé la parenthèfe qu'après le mot, *pertinet*.

Par le moyen de ces altérations, le fieur Filzmaurice fait dire par Gonzalez, que toutes les autres Dignités, excepté les Dignités majeures, dont la collation *appartenoit* aux Ordinaires, font affujetties par le Concordat à l'alternative, &c. au lieu que Gonzalez dit que toutes les autres Dignités (à l'exception des Dignités majeures aufquelles il fera pourvu par les Ordinaires, fuivant le droit commun, aufquels la collation appartient) font affujetties à l'alternative par le Concordat.

N'eft-il pas inoui que ce foit fur le fondement d'une multitude d'altérations auffi groffieres, & qu'il eft fi facile de vérifier, que le fieur Filzmaurice fe foit arrogé le droit d'accufer dans fon Memoire le fieur de la Verdure d'avoir falfifié ce même paffage de Gonzalez?

Lotherius decide bien clairement que les premieres Dignités ne font point réfervées par le Concordat. Cet Auteur, après avoir rapporté (*a*) que le Pape s'eft réfervé toutes les Dignités & tous les Benefices en tous genres de vacance, *vel aliàs quomodocumque vacaverint, vel vacabunt in futurum*, ajoute au nombre fuivant, que ces réferves n'ont pas lieu dans les Pays de Concordat. *Ea non obtinet ubi vigent Concordata.*

Ici le fieur Filzmaurice fe recrie contre l'infidelité de fon Confrere ; *ubi fides*, dit-il, *ubi pudor ?* Le fieur de la Verdure fait une propofition générale d'un cas particulier, que Lotherius n'applique qu'aux feuls Benefices vacans par mort, démiffion, privation ou tranflation ; mais cette réferve n'a pas lieu où le Concordat eft en vigueur. Peut-on tirer de ce paffage, ajoute le fieur Filzmaurice, ce que le fieur de la Verdure prétend y trouver?

Selon le fieur Filzmaurice, Lotherius n'auroit donc entendu

(*a*) *De Reg. Benefic. queft.* 54. *n.* 5.

entendu parler que d'une réserve pour de certains genres de vacance, lorsqu'il a dit que cette réserve n'a pas lieu où le Concordat est en vigueur. Mais qu'il rejette les yeux sur le texte de cet Auteur, il ne tiendra qu'à lui de se convaincre par lui-même, que cet Auteur parle des réserves de toutes sortes de Benefices dans tout genre de vacance, sans exception, *vel aliàs quomodocumque vacaverint, vel vacabunt in futurum*, & que c'est cette réserve que cet Auteur soutient incompatible avec le Concordat. Qu'on juge après cela si le sieur de la Verdure a commis quelqu'indécence & quelqu'infidelité en citant Lhoterius.

Le sieur Filzmaurice accuse encore le sieur de la Verdure d'avoir non-seulement tronqué Frapaolo, mais même d'avoir *forgé un passage à son ordinaire à son gré*.

C'est-là une calomnie atroce. Car pour avoir forgé un passage, il faudroit avoir rapporté un texte marqué en lettre italique, ou en guillemets. On a simplement cité cet Auteur sur un fait historique sans rapporter ses termes. Le fait historique est que les Eglises d'Allemagne résisterent aux réserves, aux graces expectatives, & même après les modifications portées par le Concordat. C'est-là ce qui résulte évidemment du texte de Frapaolo. Avons-nous donc forgé un passage en le citant ?

Il ne faut pas sur cela s'en rapporter aux citations du sieur Filzmaurice, qui n'est poinr fidelle. Nous avons cité Frapaolo sur le fait ci-dessus, Traité des Benefic. pag. 273. édit. de 1692. Voici le texte de l'Auteur : *L'Allemagne refusa de se soumettre aux réserves & aux graces expectatives, & les Ordinaires conferoient les Benefices, sans avoir d'égard aux Bulles Romaines.* Nous avons encore cité cet Auteur page 305. sur le même fait : Voici le texte : *De sorte qu'il perdoit* (le Concordat) *toute sa force en cessant*

E.

d'être en usage, je ne dis pas dans les Villes dont les Evêques & les Chapitres se sont separés de l'Eglise Romaine, mais même dans celles qui restent sous son obéissance. L'an 1534. *Clement VII. fit une Bulle sévere, mais qui fut presque sans effet ; Gregoire XIII. en fit une autre en* 1576. *mais elle n'eut pas un meilleur succès ; le Cardinal Madruce, Legat de Clement VIII. s'en plaignit fort au nom du Pape, à la Diette de Ratisbonne de l'an* 1594. *mais ce fut en vain.*

Le sieur Filzmaurice, pour appuyer sa calomnie, cite ce passage, pag. 272. au lieu de la page 305. il prend cette précaution, sans doute, parce qu'il sçait bien que la verification ne peut être à son avantage. Il ajoute ensuite que cet Auteur se contredit, & pour le prouver il en rapporte trois passages, sur lesquels il cite les pages 289. 296 & 297. On ne trouve pas un mot de sa citation dans ces pages ; mais on n'a qu'à consulter la page 326. & on verra que la citation étoit bien inutile, puisqu'en cet endroit l'Auteur ne parle que de l'usage des réserves dans les Pays d'obedience, & qu'il n'y est point question de l'Allemagne, ni du Concordat Germanique.

Dumoulin, (*a*) dit le sieur Filzmaurice n'est pas ici d'accord avec Frapaolo. Celui-ci dit que le Concordat perdit toute sa force en cessant d'être en usage par toute l'Allemagne. Dumoulin au contraire, dit que *le Concile de Basle même n'avoit été reçu ni obéi ès Allemagnes contigues pour la puissance & resistance du Pape & de ses Entremetteurs, favorisés de l'Empereur Frederic III. mais seulement en France, à cause de la Royale & Pragmatique Sanction, & l'an* 1495, *le texte porte* 1455, *après la mort de Nicolas V. qui avoit couronné ledit Frederic III. les Allemans déplorant leur misérable fortune & servitude, s'efforcerent de persuader à leur Empereur de n'obéir plus aux Papes, sinon qu'il eût obtenu d'eux quelques articles de la Pragmatique.*

Second Memoire, pag. 30.

(*a*) Sur les éd. & Arr. de Franc. contre les abus des Papes, somm. de la Gloss. 14. pag. 606.

Quoique cette citation foit tirée du commencement du §. 3. & de la fin du 4ᵉ, que le fieur Filzmaurice a affecté de raprocher & de rapporter *uno contextu*, elle ne prefente cependant aucune contradiction avec Frapaolo, comme-il l'avance, puifque le Concordat exiftoit dans le tems des plaintes de l'Allemagne dont parle Dumoulin.

Mais le fieur Filzmaurice a-t'il pû férieufement appliquer au Concordat Germanique ce paffage de Dumoulin qui n'en dit pas un mot dans tout le fommaire cité, dont le fujet eft un Arrêt du Parlement de Paris de 1406. contre les Annates : *comme auffi femblable Provifion*, dit cet Auteur à l'endroit cité, §. 3. *étoit fort neceffaire à la Nation Germanique, laquelle combien qu'elle en payât beaucoup moins, parce qu'elle étoit plus pauvre, toutefois elle en étoit merveilleufement grévée ; de forte qu'elle étoit fonvent contrainte fur ce afin d'exemption, ou rabais, faire plufieurs Requêtes plaintives aux Papes, qui les appaifoient de belles paroles, & outre leur reprochoient qu'ils leur femoient leurs biens fpirituels, trop plus précieux, & que les Allemans en recevoient le centuple par Pardons & Indulgences qu'ils leur donnoient, comme appert par les Epîtres de Æneas Sauvage, qui depuis a été Pape Pie II.* A la fin du même §. Dumoulin dit que les Allemans étoient divifés en deux partis, dont l'un étoit pour le Concile de Bafle, & l'autre gardoit la neutralité, & n'obéiffoit ni à Felix V, ni à Eugene IV. Il rapporte enfuite fort au long les plaintes de cette Nation concernant les *exactions Papales* (ce font fes termes) & dans tout cela il n'eft fait nulle mention des réferves, ni de la collation des Benefices, parce que c'eft une matiere étrangere au fujet que traite Dumoulin à l'endroit cité, où il n'eft queftion que des prétentions des Papes fur les revenus des Benefices.

Eft-il plus aifé de concevoir que Frapaolo foit encore

ontredit , comme l'allegue le fieur Filzmaurice, par le Diplome ou Ordonnance de l'Empereur Maximilien de 1518 ? Cet Empereur ordonne fous de grandes peines l'execution du Concordat. Ne fuit-il pas de-là que les Eglifes d'Allemagne refiftoient, comme le dit Frapaolo, aux conditions de ce Traité, dont l'execution avoit été ordonnée long-tems auparavant par l'Empereur Frederic ?

Parmi les Auteurs cités dans notre premier Memoire, dont le fieur Filzmaurice revendique l'autorité, il n'a ofé entreprendre de rapporter le fentiment du Cardinal Puteus & du Pere Thomaffin ; il s'eft contenté de les nommer fimplement. On vient de voir qu'il eût bien mieux fait de ne pas s'efforcer d'attirer à fon parti Æneas Sylvius , Vanefpen, Chokier, Lhotterius , Fagnan , Gonzalez , Frapaolo & Dumoulin, & qu'il nous a forcé par fes calomnies & par fes infidelités , d'entrer dans une difcuffion des paffages de ces Auteurs, qui en nous juftifiant parfaitement des falfifications qu'il a eu la mauvaife foy de nous imputer, le couvre en même-tems de confufion.

Il eft bien étrange que le fieur Filzmaurice nous oppofe encore la comparaifon des trois Evêchés & l'Indult de Clement IX. Il n'y a qu'à lire cet Indult, pour fe convaincre qu'il n'eft point relatif au Concordat Gemanique , puifque cet Indult n'en fait aucune mention, ni directement, ni indirectement. On a cité le privilege accordé par le Pape à l'Eglife de Metz, les Lettres du Cardinal d'Offat , qui atteftent que le Pape prétendoit *omnimodam poteftatem* fur les trois Evêchés, & on a prouvé qu'on ne pouvoit les regarder comme des Eglifes régies par le Concordat Germanique. Le fieur Filzmaurice croit-il avoir bien répondu à tout cela, en repetant toujours la même objection ?

L'Auteur des Memoires du Clergé , dont le fieur Filz-maurice rapporte le fentiment, n'a point traité la matiere *ex profeffo*. Il n'a parlé des Concordats Germaniques qu'à l'occafion des trois Evêchés ; & ne faifant point atten-tion à l'Indult ampliatif & aux prétentions de la Cour de Rome , qui fuivant les Lettres du Cardinal d'Offat, re-gardoit les trois Evêchés comme un Pays d'obedience, il a cru que les prétentions du Pape fur les premieres Di-gnités cedées au Roy par l'Indult de Clement IX. ne pou-voient être fondées que fur le Concordat, & qu'il en étoit de même des Eglifes d'Allemagne. Cet Auteur a erré dans le principe ; il n'avoit aucun interêt d'approfon-dir cette matiere , étrangere à fon ouvrage , ainfi que l'Auteur des Loix Ecclefiaftiques, qui ne dit que deux mots du Concordat Germanique dans un préambule.

Le fieur Filzmaurice cite encore M. Fleury , le Pelle-tier & le Pere Maimbourg, fans rapporter leur fentiment, & fans citer même l'endroit de leurs Ouvrages, où il eft fait mention des Concordats Germaniques.

Le premier en parle dans fon Hiftoire Ecclefiaftique , tom. XXI. pag. 515 , où il dit que » le Concordat avec » la Nation Françoife, étoit à peu près le même que celui » des Anglois & des Allemans, tout étant formé fur le » pied des articles de la Réformation. » Ce qui eft une ex-clufion de la referve des premieres Dignités en tout genre de vacance, puifqu'il n'eft fait aucune mention d'une ré-ferve de cette nature dans les articles de la Réformation rap-portés par Lenfant, Hift. du Conc. de Conft. liv. 6, pag. 193, dans lefquels le Pape ne demandoit que les réfer-ves exprimées dans le Droit & dans les Conftitutions de Jean XXII. & de Benoît XXII. qui font les Extravagantes *execrabilis* & *ad regimen.*

M. Fleury parle encre du Concordat Germani-que , tom. XXII. pag. 478. où il excepte fimplement de l'alternative les premieres Dignités , fans expliquer fi cette exception laiffe cette forte de Benefices à la difpofition du Pape, ou dans les termes du droit commun. Le même Auteur, Inftitutions au Droit Ecclefiaftique, pag. 80, édition de 1722, ne dit que ce peu de mots fur le Concordat Germanique : *En Allemagne les élections fe font confervées par le Concordat de* 1447. Peut-on dire que cet Auteur eft du parti du fieur Filzmaurice ?

A l'égard de le Pelletier & du Pere Maimbourg, ces Auteurs ne méritent pas d'être confultés fur une affaire auffi férieufe. On ne s'eft pas donné la peine de parcourir leurs Ouvrages, pour trouver l'endroit où le fieur Filzmaurice croit qu'ils parlent en fa faveur. Il en fait bien peu de cas lui-même, puifqu'il s'eft borné à les nommer. En effet le premier étoit Banquier, & parfaitement ignorant fur les Ufages & les Loix des Eglifes d'Allemagne, & le Pere Maimbourg eft un Hiftorien généralement décrié.

Quel avantage le fieur Filzmaurice efpere-t'il tirer de la citation de Gregorius Tholofanus, Spondanus, Crefcentitius, Layman, Barbofa & Simoneta ? Il a cité, fans doute, ces Auteurs fans les avoir lûs.

Gregorius Tholofanus, qui a écrit deux vol. in fol. fur le Droit Univerfel, dit très-peu de chofe fur le Concordat François: il raporte à peine la datte du Concordat Germanique, Liv. 17. Ch. 2. & 17, & ne parle que des réferves & des Regles de Chancellerie, qui font reçues en France.

Spondanus rapporte l'alternative, avec l'exception des premieres Dignités de l'alternative, fans expliquer fi la collation en appartient aux Ordinaires, ou fi elles font réfervées au Pape.

Crefcentitius à l'endroit cité par le fieur Filzmaurice, ne dit autre chofe des Concordats, fi ce n'eft que ce font des Traités aufquels on ne peut déroger par des réferves. (*a*)

Layman cité , *Theol. Moral. Lib.* 4. *Tract.* 2. *Cap.* 11. *n.* 1. rapporte la réferve portée par la troifiéme Regle de Chancellerie , fans dire un mot des Concordats.

Barbofa à l'endroit cité , rapporte, comme Layman , la réferve des premieres Dignités , fans parler du Concordat Germanique. Cet Auteur qui a compofé douze volumes in-folio , dit que cette réferve fe trouve dans l'Extravagante *ad regimen* ; ce qui prouve peu d'exactitude ; car cette Conftitution ne contient point de réferve d'aucun Benefice en tous genres de vacance. Les réferves qui y font comprifes n'avoient lieu que pour des cas finguliers. Le même Auteur , *Jure Ecclef.* tit. 1. *de elect. Prælat. in gen. Cap.* 1. *n.* 44. attefte que de droit commun la difpofition des premieres Dignités appartient aux Chapitres.

Simonetta , *quæft.* 1. n. 4. établit pour principe que le Pape a la difpofition de tous les Benefices ; d'où il tire la conféquence qu'il peut fans le fecours d'aucune réferve , prévenir tous les Collateurs. Mais Cet Auteur ne dit pas un mot du Concordat.

Quoique prefque tous ces Auteurs foient peu eftimés, & que leur opinion ne foit pas d'un grand poids, fur quel fondement le fieur Filzmaurice en a-t'il enflé fes citations?

Que refte-t'il donc au fieur Filzmaurice de cet étalage pompeux d'autorités qu'on trouve dans fes Memoires? Il eft réduit à plaider contre le droit commun, contre le Concordat & les Ufages des Eglifes d'Allemagne , avec le feul fecours de Branden & de fes Sectateurs obfcurs : Louvrex , Nicolars , la Croix , Pirring , Laurenius , Spichler & Reiffenftuel , qui tous ont fuivi Branden , & raifonné comme lui, fur la fuppofition que la troifiéme Re-

(*a*) *Refervatio , licet concedatur Alemano in Alemania , etiam in menfibus ordinariis Collatoribus conceffis, etiamfi deroget alternativis , non videtur derogare Concordatis , quia funt in vim Pafti . . . . . ideo eis numquam intelligitur derogatum.* De Privileg. decif. 2. aliàs 55. pag. 205.

gle de Chancellerie contenant la réserve des premieres
Dignités en tout genre de vacance, exiſtoit avant le Con-
cordat, & que cette Regle eſt confirmée par le Concordat.
Tous ces Auteurs regardent les prétentions de la Cour de
Rome comme des droits, & les droits des Ordinaires com-
me des uſurpations. Le faux de ce principe ayant été dé-
montré, de quel poids peut être le ſentiment de tous ces
Auteurs? Il faut les renvoyer dans la pouſſiere d'où le ſieur
Filzmaurice les a tirés inutilement.

Nous avons prouvé par le ſentiment des Auteurs qui ont
traité avec quelque attention les Regles de Chancellerie,
par les Conſtitutions qui contenoient les réſerves antérieures aux Concordats Germaniques, par les termes mêmes du premier de ces Concordats, & enfin par les termes de la Conſtitution d'Innocent VIII. de 1484. qui
contient ſes Regles de Chancellerie, que la réſerve des
premieres Dignités en tout genre de vacance, étoit inconnue avant le Concordat de Nicolas V, qu'on n'en
trouve aucune trace avant la Conſtitution d'Innocent VIII.
qui avoit fait cette réſerve dans ſa troiſiéme Regle de
Chancellerie.

D'où il faut neceſſairement conclure que le Concordat
ne faiſant point mention de cette réſerve, & contenant
une ſimple exception des premieres Dignités de la réſerve
de l'alternative, le Concordat a laiſſé cette ſorte de Benefices dans les termes du droit commun, & que le Decret irritant du Concordat ayant été un obſtacle perpetuel
à l'introduction de cette réſerve, faite depuis le Concordat, les Proviſions accordées dans la ſuite par les Papes en
vertu de cette réſerve, ſont abuſives & déclarées nulles
par le Concordat, & conſéquemment le Pape ne peut en
tirer aucun droit.

Tous les Auteurs que nous avons cités, ont lû le Concordat

cordat fur ces principes. Les uns le raportent fans parenthèfe, les autres avec la parenthèfe fermée après ces mots , *ad quos aliàs pertinet* , & tous décident également que le Concordat ne contient point la réferve dont il s'agit ; que les premieres Dignités font reftées à la difpofition des Ordinaires , & que ce n'eft qu'en faveur du droit commun que les premieres Dignités ont été exceptées de l'alternative. *Exceptis tamen* , dit Tournely , *Cathedralium atque Collegiatarum Dignitatibus , quæ femper à fuis collatoribus ordinariis conferenda remanent.* (a)

Eft-il vrai que nous ayons abufé, comme le prétend le fieur Filzmaurice, du nom de quatre Auteurs, dont nous avons, dit-il, tronqué les paffages ? Ces Auteurs font Chokier, Gonzalez, Lhotterius & Fagnan.

On vient de faire voir que nous avons cité fidellement ces Auteurs , & que le fieur Filzmaurice avoit pris inutilement l'artificieufe précaution de les tronquer lui-même, foit en ajoutant des termes aux paffages qu'il a rapportés, foit en les changeant ou en les fupprimant tout-à-fait, pour s'appliquer leurs fuffrages , & nous imputer des falfifications dont il s'eft lui-même rendu coupable. C'eft-là un excès de mauvaife foy qui n'a guéres d'exemples. N'eft-ce donc pas le fieur Filzmaurice qui a abufé de l'ignorance de Branden & de fes Sectateurs obfcurs , & en mêmetems de la licence de tronquer le fentiment des Auteurs ci-deffus, de citer faux , & de décrier fon Confrere par cet odieux artifice ?

Mais quand même le fieur Filzmaurice appuyeroit fa prétention fur le fentiment de quelque Auteur de poids, quel fecours pourroit-il en attendre contre l'ufage des Eglifes d'Allemagne , & l'exécution que le Concordat a eu jufquà préfent, contre les Conftitutions de l'Empire, & enfin contre la reconnoiffance formelle de la Cour de Rome dans plufieurs Bulles ?

(a) *Tournely, Prælect. Theol. Append. de Concord. Germ.* pag. 169. Ouvrage dédié à M. le Cardinal de Fleury.

Premier Memoire , pag. 6.

F

I I I.

Quel est l'usage des Eglises d'Allemagne?

Nous avons observé dans notre premier Memoire, qu'il ne peut être question de prescription dans cette contestation, parce que le Concordat l'a prévûe & proscrite par un Decret irritant ; *(a)* ce qui écarte sans difficulté tout acte possessoire de la part du Saint Siege, dont on voudroit faire usage, pour introduire une réserve, un droit nouveau, contraire au Concordat ; qu'on ne peut tirer avantage de la possession, qu'en la présentant comme l'interpréte de la Loy. Mais il faudroit en ce cas que la possession eût la Loy du Concordat pour principe ; c'est-à-dire, que le Pape eût conferé en tous genres de vacance les premieres Dignités, avant le Concordat, en vertu d'une réserve antérieure au Concordat, & qu'il eût continué d'exercer le même droit de collation, comme lui ayant été réservé par le Concordat. La possession du Pape & cet usage du Concordat, pourroit être en ce cas de quelque poids. C'est-là qu'on pourroit peut-être appliquer la maxime *error communis*, &c.

Mais on ne nous oppose point une possession de cette nature. Le Pape n'a jamais conféré avant le Concordat, en vertu de cette réserve, puisqu'elle n'existoit pas : on l'a démontré ci-dessus. On ne nous objecte que quelques Provisions singulieres sur l'Eglise de Cambray, non en vertu du Concordat, mais d'une réserve introduite plusieurs années après le Concordat par la troisiéme Regle de Chancellerie d'Innocent VIII.*(b)* pendant qu'il faudroit étendre cette possession généralement sur toutes les Eglises régies par le Concordat, & la faire remonter tout au moins au tems du Concordat, pour pouvoir y avoir recours, comme à un interpréte du Concordat. Peut-on s'arrêter un moment sur une pareille possession, pour supposer dans le Concordat une réserve à laquelle résistent également les termes & l'esprit de cette Loy?

Nous établissons au contraire l'usage & la possession des Eglises d'Allemagne, de conférer les premieres Dignités, avant & depuis le Concordat, sur les monumens les plus respectables & les moins suspects.

On a cité dans le premier Memoire la possession immémoriale des Eglises d'Ausbourg, de Munster, de Saltzbourg, de Liege, de Sainte-Croix de Cambray, de Nivelle, de Besançon, de Bremen, d'Alberstad, de Cologne & de Mayence. On a appuyé le droit de ces Eglises & leur possession sur les Decretales, *Litteras vestras* de concess. præb. *Dudum ad audientiam, Bonæ memoriæ*, & sur la Bulle *Cum sicut accepimus*, du 28 Decembre 1564.

On a cité encore sur cet usage du Concordat, le Cardinal Puteus, Vanespen, le *Gallia Christiana*, Æneas Sylvius, Pinson, Heiss, Laerce, l'Auteur de la Bibliotheque Canonique, Gonzalez, Fagnan, Chokier & Lhotterius. On a vû ci-dessus les frivoles objections du sieur Filzmaurice sur l'autorité de Vanespen, d'Æneas Sylvius, de Lhotterius, de Gonzalez, de Fagnan & de Chokier; le surplus des citations de ces Auteurs est resté sans réplique de sa part.

Les Tables Chronologiques du *Gallia Christiana* établissent parfaitement la possession & l'usage, tant avant, que depuis le Concordat, des Eglises de Mayence, tom. 5. pag. 53, de Strasbourg, *idem*, pag. 822, de Liege, tom. 3, pag. 913 & suivantes, & de Cambray, *idem*, pag. 64.

Les Constitutions de l'Empire sur l'exécution du Concordat, affurent en même-tems le droit & la poffeffion des Eglifes d'Allemagne , de conférer leurs premieres Dignités.

La premiere, eft la Pragmatique Sanction de l'Empereur Maximilien de l'année 1510, rapportée dans le Recueil des Conftitutions de l'Empire de Heimensfeld, tom. 2. pag. 123. L'article *De election*, Cap. 1. pag. 125. eft conçu en ces termes : *Generalis refervatio omnium Ecclefiarum , Monafteriorum & Dignitatum electivarum per Romanum Pontificem fieri non debere : neque factis eft utendum, præter quam in terris Ecclefiæ Romanæ fubjectis.*

Le Chapitre XI. de la même Pragmatique , art. *De refervationibus , porte encore , Omnes refervationes revocantur , exceptis illis , vel quæ in corpore juris expreffæ funt , vel quæ in terris Ecclefiæ Romanæ fubjectis fiunt.*

La Conftitution de Charles V. rapportée dans le Recueil des Titres de l'Univerfité de Louvain , pag. 191 , édition de Gand , & dans le Recueil des Placards imprimés à Bruxelles en 1664 , pag. 79 & fuivantes , préfente une preuve bien victorieufe que le Concordat ne contient point la réferve des premieres Dignités , & que l'ufage de cette réferve étoit rejetté en Allemagne comme abufif & contraire aux droits de la Nation.

Cette Conftitution donnée à Bruxelles le 9 Fevrier 1554 , contient le Concordat Germanique fans parenthèfe dans le §. *de cæteris*, avec une note fur ce §. intitulée §. 4. *de Beneficiis Sedi refervatis , en ces termes : Tertio refervat Beneficia aut dignitates ad quos aliqui in concordia vel difcordia electi , vel poftulati fuerint , fi electio caffata , aut poftulatio repulfa , aut fi renunciatio per Papam admiffa fuerit.* Cette réferve dans un cas fingulier, obfervée ainfi par l'Empereur, prouve qu'il entendoit que le droit général des élections des premieres Dignités appartenoit aux Ordinaires. Comment feroit-il poffible d'ailleurs d'admettre dans le Concordat cette réferve des premieres Dignités dans le cas fingulier, d'élection nulle, de collation caffée, s'il n'étoit pas vrai que le Concordat ne prive point les Ordinaires de leur droit decollation en général ?

Charles V. adreffe cette Conftitution à l'Archevêque de Cambray & à tous les Collateurs du Diocéfe, fur ce qu'il apprend que par leur filence & leur tolerance on donne atteinte en plufieurs manieres au Concordat Germanique dans le Diocéfe de Cambray, & principalement par la pluralité des graces Apoftoliques, des réferves, des unions, des nominations & des commandes; en conféquence il ordonne que le Concordat Germanique fera executé dans tout le Diocéfe de Cambray, *inconcuffe & inviolabiliter*. Cette Conftitution fut publiée & reçue féparément par l'Evêque & par le Chapitre les 12 & 14 Mars de la même année. Ces Actes font rapportés dans le même Recueil.

On ne conçoit pas fur quel fondement le fieur Filzmaurice a ofé avancer que le Concordat Germanique n'a été reçu à Cambray que le 9 Mars 1598.

La Conftitution de l'Empereur Ferdinand du 27 May 1559, adreffée à l'Eglife de Cambray, rapportée dans le Recueil des Titres de l'Univerfité de Louvain, pag. 195 & dans Heimensfeld, affure parfaitement le fait & le droit, c'eft-à-dire, que la réferve des premieres Dignités en tout genre de vacance, n'eft point dans le Concordat, & dans le fait, que cette réferve étoit également contraire au Concordat & aux Ufages des Eglifes d'Allemagne. Les termes de cette Conftitution ne laiffent aucun doute. L'Empereur y déclare *qu'il a appris, non fans grande douleur, que quoique felon la très-ancienne coutume de l'Empire,* (a) *& le Concordat qui s'en eft enfuivi entre le Siege Apoftolique & l'Empereur Frederic III. principalement dans toutes les Eglifes*

(a) Cette très-ancienne Coutume de l'Empire dont parle Ferdinand, eft atteftée & expliquée dans le troifiéme Chapitre de la Pragmatique de l'Empereur Albert II. de 1438. en ces termes : *Romanus Pontifex majores Ecclefias, Metropoles fcilicet atque Epifcopales Collegiata!que antea quibus Abbates praficiunt, & Ecclefiafticas Dignitates, qua per electionem fibi deligere Rectorem confueverunt, nemini refervato : prater eas, qua jure fcripto, vel Romani Principatûs erutâ fibi permittuntur.* Conft. Imp. G. d. Heym. tom. I. pag. 401.

Cathédrales & dans les Monasteres de la Nation Germanique, le droit d'élire ou de disposer des Prélatures, Dignités & autres Benefices, soit établi avec tant de force par les sacrés Canons & par la teneur du Concordat, qu'il n'y avoit pas lieu de douter qu'il pût souffrir la moindre atteinte, & pût être troublé par aucune nouveauté; cependant quelques personnes aveuglées par un esprit d'avarice, ont tenté de donner atteinte à cette louable Coutume fondée dans les Saints Decrets, & même dans le Concordat Germanique, & sous prétexte de graces Apostoliques, de réserves & d'autres usurpations de tel genre, d'enlever les Abbayes, les Prieurés, les Dignités & autres Benefices d'un revenu considérable du Diocèse de Cambray, sans aucun égard à l'Edit de Charles V. de l'an 1554. publié dans le Diocèse & accepté: Telle est la disposition précise de cette Loy. Après avoir rapporté les abus ci-dessus, l'Empereur *renouvelle & confirme l'Edit de 1554., & ordonne que tous les Ecclesiastiques du Diocèse de Cambray soient libres & exempts de telles nouveautés indues & de telles usurpations, & que le Concordat Germanique soit inviolablement observé dans tout le Diocèse de Cambray, comme dans les autres parties de l'Allemagne.*

Si on jette les yeux sur les trois Constitutions qu'on vient de rapporter avec la plus legere attention, ne sera-t'on pas également convaincu, dans le droit, que le Concordat Germanique fut accepté & publié dans les Eglises d'Allemagne, comme Loi de l'Empire, sans parenthèse, dans le §. *de cæteris,* & sans réserve des premieres Dignités en tous genres de vacance; & dans le fait, que lorsque les Papes ont entrepris de conferer les Dignités en vertu de cette réserve, & de dépouiller les Ordinaires, les Empereurs s'y sont opposés par des Constitutions expresses, comme à des abus & à des usurpations contraires aux Usages & Coutumes d'Allemagne, & même au Concordat, & qu'ils ont en même tems reclamé le droit & la poffeffion, tant avant que depuis le Concordat Germanique.

Des griefs de la Nation Germanique de 1510. contre la Cour de Rome, préfentent auffi une preuve frappante, que cette Nation ne connoiffoit point l'ufage de la troifiéme Regle de Chancellerie, puifqu'on n'y trouve point cette réferve, bien plus exhorbitante & plus contraire au droit commun, que toutes celles qui y font expliquées, qui y font cependant appellées *Technas profecto inauditas.* Cette Nation auroit-elle pu garder le filence fur une réferve auffi onéreufe dans un écrit fort animé, comme on le trouve dans le Recueil de Heymensfeld, tom. 1. pag. 456. & fuivantes ?

Dans d'autres griefs de la même année, la Nation ne fe plaint que de ce que la Cour de Rome prétendoit introduire la réferve des premieres Dignités en faveur des Cardinaux & des Protonotaires. *Quòd Beneficia & Dignitates majores Cardinalibus & Protonotariis refervantur.* Recueil de Heymensfeld, tom. 2. Gravam. de 1510. cap. IV. pag. 119. Il eft donc conftant qu'en 1510. la réferve des premieres Dignités en tout genre de vacance, étoit inconnue en Allemagne, puifque la Nation fe plaint, comme d'une nouveauté, d'une réferve particuliere & perfonnelle, de cette forte de Benefices.

Que pourroit répondre encore le fieur Filzmaurice aux Bulles des Papes, anterieures & pofterieures au Concordat Germanique, par lefquelles ils ont formellement reconnu que les premieres Dignités font à la difpofition des Ordinaires ?

On a prouvé par les Decretales *Litteras veftras , dudum ad audientiam , & bonæ memoriæ ,* citées ci-deffus, qu'avant le Concordat les Papes avoient reconnu eux-mêmes, que

la difpofition des premieres Dignités appartenoit aux Ordinaires. Cette reconnoiffance eft bien formelle dans la
Bulle de Gregoire IX. pour les Chapitres de Huy & Des-
foffe , (*a*) & dans celle d'Honoré IV. de 1286. par laquelle ce Pape , au lieu de pourvoir à la Prevôté de l'E-
glife de Cambray , fuivant le droit que lui en donnoit la
réfignation pure & fimple de Guillaume de Hainault, laiffa
au Chapitre le droit qui lui appartenoit de la conferer par
élection. Ce font les termes de la Bulle : *Nos cupientes ut
ipfa Præpofitura conferatur perfonæ quæ ipfius congruat oneri
& honori, ac vos , ad quos aliàs electio Præpofiti in dicta Ecclefia
pertinere dicitur , &c.*

Le fieur Filzmaurice veut écarter l'autorité de cette Bulle , fur le frivole prétexte que la Chronologie manufcrite
des Prevôts de Cambray , produite dans cette Inftance ,
n'indique aucun Prevôt élu en vertu de cette Bulle. De-là
il conclut que cette Bulle n'exifte pas , ou n'eft pas favorable au Chapitre.

Cette Bulle tirée en bonne forme des Archives du Chapitre , eft produite; ce qui conftate fuffifamment fon exiftence & fes difpofitions , & cette piece ne peut être. dé-
truite par une chronologie qui n'a aucune autenticité.
D'ailleurs où prend-on que le Chapitre dût. pourvoir
en vertu de cette Bulle ? Il élut fon Prevôt en vertu de fon
droit dans lequel il étoit rentré. L'objection du fieur Filzmaurice ne mérite pas une plus longue réponfe.

Nous avons trois Bulles bien pofterieures au Concordat, à l'abri d'une pareille critique , qui portent la reconnoiffance la plus formelle du droit de collation des Ordinaires des premieres Dignités.

La premiere eft la Bulle *cum ficut accepimus* du 28 Decembre 1564. de Pie IV. Ce Pape rétablit par cette Bulle
l'Eglife

(*a*) Cette piece eft
produite.

l'Eglise de Mayence, dans le droit d'élire son Prevôt, dont elle avoit été dépouillée par les Officiers de la Cour de Rome. Cette Bulle est rapportée dans le Recueil des Historiens de Mayence, par Joannis, édit. de Francfort de 1722. pag. 291.

La seconde, est la Bulle d'union de Gregoire XIII. du 9. Mars 1573. d'une Prébende à la Prevôté de l'Eglise de Cambray. Cette Bulle est produite. Il est dit par le consentement du Chapitre à cette union, qu'il sera inseré dans l'union, que l'élection de la Prevôté restera toujours au Chapitre, *Infereturque dictæ unioni, quod dicta Præpositura cum Præbenda annexa & unita, manebit perpetuò electiva Capitulo Cameracensi.* Le Chapitre n'insera cette condition dans son consentement à l'union, que dans la crainte que l'union d'une Prébende sujette par le Concordat à l'alternative, ne donnât atteinte à son droit de collation de sa Prevôté.

Le sieur Filzmaurice se flatte-t'il d'avoir écarté l'autorité de cette Bulle, en alleguant que cet acte est resté *dans la poussiere du Chapitre,* qu'il étoit contraire aux droits du Pape, & que par cette raison il n'en est pas dit un mot dans la Bulle de confirmation ?

Mais ne suffit-il donc pas que ce consentement se trouve visé dans la Bulle avec cette condition, sans aucune restriction, pour assurer que la Cour de Rome ne trouva point cette condition contraire au droit du Pape ?

Une preuve que cet acte demeura sans effet, c'est, ajoute le sieur Filzmaurice, que Hugues Griffon, Anglois, alors Chanoine de Cambray, voyant que la Prevôté étoit vacante par la déposition de Robert de Forvye, pour cause d'héresie, l'obtint en Cour de Rome, & le Chapitre le reçut, sans lui opposer son Acte Capitulaire, & que Pierre Lombard douze ans après se présenta avec des Bulles qu'il fit enregistrer au Parlement, de la Prevôté, au

Second Memoire pag. 8.

Ibid.

G

Chapitre qui le reçut sans opposition.

Rien n'est plus absurde que l'argument tiré de ces deux Provisions. La premiere est, de l'aveu du sieur Filzmaurice, pour une vacance *causá hæresis*, & l'on trouve également dans ces deux provisions la clause, pour cette fois seulement, *pro hac vice;* ce qui est une reconnoissance formelle du Pape, qu'il n'a le droit de pourvoir que dans un genre de vacance singulier, & non en tous genres de vacance.

Le Pape reconnoît qu'il n'est collateur que par accident, par cette clause *pro hac vice*. Ainsi l'objection même du sieur Filzmaurice presente une preuve frapante contre la reserve generale en tous genres de vacances qu'il veut introduire.

La Bulle *super gregem*, de Sixte V. de 1585. ne laisse aucun doute sur le droit & la possession des Ordinaires de conferer les premieres Dignités. Ce Pape qu'on ne doit pas soupçonner d'avoir ignoré les droits du Saint Siege, ni de les avoir négligés, décide clairement dans cette Bulle, que les premieres Dignités ne doivent point être assujetties à la Regle de Chancellerie, où ces Benefices sont compris, ni à aucunes des réserves Apostoliques, qui ne sont point inferées dans le Corps du Droit ; *Neque Dignitates ipsas electivas hujusmodi sub Cancellariæ Apostolicæ Regula Dignitatum hujusmodi reservatoria, aut aliis in Corpore Juris non clausis reservationibus Apostolicis comprehensas esse.* (a)

De toutes ces Bulles, tant antérieures que posterieures au Concordat, citées ci-dessus, le sieur Filzmaurice n'a fait attention qu'à la Bulle d'Honoré IV. de 1280. & à celle de Gregoire XIII. de 1573. On a vû combien sont frivoles les objections qu'il a hasardées, pour en éluder l'autorité. On doit regarder son silence sur les autres Bulles, ainsi que sur les Constitutions des Empereurs, rapportées ci-dessus, comme un hommage forcé qu'il rend

(a) Cette Bulle est rapportée en entier par Chokier, *ad Regul. Cancell.* pag. 41 & 42.

aux droits de son Chapitre. En effet, que peut-on oppo-
fer aux Conſtitutions des Empereurs, & à ces Bulles, &
à celle de Sixte V. ſur tout ?

Toutes les recherches du ſieur Filzmaurice, ſur les uſa-
ges des Egliſes d'Allemagne, n'avoient pu lui fournir jufqu'à preſent que trois exemples de collations du Pape des
premieres Dignités, faites en vertu des réſerves. Il a fait
un nouvel effort, il en a ajouté un quatriéme aux trois
premiers, qu'il repete toujours avec la même confiance,
quoique l'inutilité en ait été démontrée dans notre premier Memoire.

Ces quatre collations citées par le Sʳ Filzmaurice * pour
établir la poſſeſſion du Pape de conferer les premieres Dignités dans toutes les Egliſes d'Allemagne, en vertu de la
réſerve de cette ſorte de Benefices en tous genres de vacance, & l'uſage des Egliſes d'Allemagne ſur cette réſerve, ſont, 1°. Une collation de la Prevôté de Paderborn.
2°. Une collation de la Prevôté de l'Egliſe de Breſme. 3°.
Une collation de la Prevôté de l'Égliſe d'Halberſtat. 4°.
Et enfin une collation de la Prevôté de l'Egliſe d'Alten-
banden.

* Second Mém. p. 21. 22 & 23.

Suppoſons pour un moment ces quatre collations faites
en vertu de la réſerve des premieres Dignités en tous genres de vacance : ces quatre exemples de collation ſeroient-
ils ſuffiſans pour conſtater l'uſage d'une pareille réſerve
dans les Egliſes d'Allemagne depuis le Concordat & la
poſſeſſion du Pape à cet égard ? Et pourroit-on nous pro-
poſer ſérieuſement une telle poſſeſſion pour interpreter le
Concordat, & y ſuppoſer une réſerve, ſur laquelle on
ne trouve aucune diſpoſition expreſſe dans cette Loy, une
réſerve infiniment plus onéreuſe, plus exhorbitante &
plus contraire au droit commun, qu'aucunes de toutes ces
prétentions abuſives, qui avoient excité les plaintes de

toutes les Nations, & donné lieu aux differens Concordats ?

Mais ces quatre collations bien loin de donner au Pape une idée de poſſeſſion de la réſerve des premieres Dignités en tout genre de vacance, aſſurent au conrraire à cet égard l'uſage & l'exécution du Concordat dans les Egliſes d'Allemagne, conformément au droit des Ordinaires ; puiſque ces quatre collations ſe trouvent faites, non en vertu de la réſerve en tous genres de vacance, mais en differens genres de vacance ſinguliers, tous réſervés au Pape par des diſpoſitions expreſſes du Concordat. C'eſt ce qu'on va démontrer.

Le ſieur Filzmaurice a tiré de Branden l'exemple dela collation de la Prevôté de l'Egliſe de Paderborn de 1588. ſur une vacance par promotion. Ce Chapitre avoit élu Theodoric, ſon Prevôt, à l'Epiſcopat ; & celui-ci ayant enſuite réſigné la Prevôté entre les mains du Chapitre, ſa réſignation fut admiſe par le Chapitre qui élut en conſéquence Melchior. Ce genre de vacance atteſté par Chokier, (a) avoué par le ſieur Filzmaurice, ſe trouve réſervé par une diſpoſition expreſſe du Concordat, qui réſerve au Pape les Benefices vacans par promotion.

Le ſieur Filzmaurice diſſimule dans cette citation le premier Jugement de la Rotte, qui avoit décidé en faveur de la collation du Chapitre, parce qu'on avoit attaqué celle du Pape ſur le fondement qu'il avoit conferé en vertu de la vingt-quatriéme Regle de Chancellerie, & comme on s'apperçut enſuite ſur la conteſtation renouvellée entre les deux Pourvus, que la réſerve portée par la vingt-quatriéme Regle de Chancellerie, n'étoit qu'une répetition de la réſerve dans le cas de la vacance par promotion, conſervée par le Concordat, on jugea en faveur du Pourvu par le Pape, ſur le fondement au Concordat.

Ne faut-il pas vouloir s'aveugler soi-même pour appliquer cet exemple à la réserve des premieres Dignités en
tous genres de vacance ?

A l'égard de la collation de la Prevôté de l'Eglise de
Bresme , le sieur Filzmaurice n'a d'autre garant que Nicolars , d'où il a tiré le Bref de Clement VIII. C'est encore ici une collation faite dans un genre de vacance singulier , réservé par le Concordat , qui ne peut par conséquent servir de preuve de l'usage de la réserve des premieres Dignités en tout genre de vacance. Cette Eglise étoit
occupée depuis plusieurs années par les Réformés , & le
Chapitre avoit consenti au mariage de son Archevêque ,
ce qui rendoit son élection nulle , *causâ hæresis (a).*

(b) Audifret, Hist. tom. 3. pag. 456.

La collation de la Prevôté de l'Eglise d'Halberstat n'est
pas un exemple moins inutile. Le Chapitre avoit élu le fils
du Roi de Dannemark ; il n'y a qu'à jetter les yeux sur le
Bref même d'Urbain VIII. rapporté par le sieur Filzmaurice , pour être convaincu que le Pape confera dans un
genre de vacance singulier , réservé par le Concordat ,
puisqu'il dit dans son Bref que le Roi de Dannemark avoit
acheté les voix du Chapitre , *emptis votis ;* ce qui rendoit
l'élection nulle , & opéroit une vacance pour cause de simonie. Il faut observer cependant que le sieur Filzmaurice
ne cite sur ce fait que le *Germania Sacra restaurata* de Caraffe , *fol.* 208 & 209. & que ce fait ne s'y trouve point.

Le sieur Filzmaurice est-il plus exact à l'égard de la
Prevôté d'Altenbalden ? Il cite encore pour garant de cet
exemple les Commentaires de Caraffe *de Germania Sacra
restaurata* , fol. 208 & 209. On a vérifié exactement cette
citation , & l'on n'a pas trouvé qu'il y soit fait mention de
cette Prevôté à l'endroit cité , ni dans le reste de l'Ouvrage
de cet Auteur. Comptera-t'on cet exemple pour quelque
chose sur une pareille citation ?

I V.

Poſſeſſion de l'Egliſe de Cambray.

On pourroit ſe diſpenſer de jetter les yeux ſur les actes poſſeſſoires qu'on nous allegue contre l'Egliſe de Cambray en particulier. On a obſervé que la poſſeſſion, quelle qu'elle ſoit, ne peut former un titre contre une Egliſe particuliere de celles qui ſont régies par le Concordat, & ſervir pour faire valoir la preſcription, parce qu'il eſt inconteſtable que la preſcription n'a pas lieu en cette matiere. Il faut donc regarder comme un principe certain dans cette conteſtation, que la poſſeſſion qui y eſt alleguée ne peut faire d'impreſſion, qu'autant qu'elle ſerviroit à interpréter le Concordat. Or conçoit-on qu'il ſoit poſſible de regarder comme telle, une poſſeſſion fondée ſur quatre Proviſions dans une ſeule Egliſe, qui n'ont point été faites en vertu du Concordat, mais en vertu d'une réſerve qui n'exiſtoit point au tems du Concordat ?

Mais qu'on ſuppoſe autant d'actes poſſeſſoires que le ſieur Filzmaurice en allegue, & un plus grand nombre, ſi l'on veut, la poſſeſſion du Pape, reſtrainte à la ſeule Egliſe de Cambray, ſeroit-elle ſuffiſante pour ſuppoſer dans le Concordat une diſpoſition inuſitée & inconnue dans toutes les autres Egliſes de la Nation Germanique, régies par cette Loi ? Peut-il arriver que dans les Egliſes régies par le Concordat, on en diſtingue une ſeule où l'on admettroit une réſerve en vertu de cette Loi, qui eſt rejettée dans toutes les autres Egliſes en vertu de la même Loi ? ce ſeroit ſuppoſer deux diſpoſitions diametralement contraires dans la même Loi ; ce qui eſt impoſſible. Le Concordat Germanique doit être exécuté dans l'Egliſe

de Cambray, quelle que foit la poffeffion du Pape à l'é-
gard de cette Eglife, de la même maniere qu'il eft exécuté
dans toutes les autres Eglifes qui y font foumifes. Mais
cette poffeffion du Pape à l'égard de l'Eglife de Cambray
n'eft qu'une chimere que le fieur Filzmaurice ne foutient
que par artifice.

Quatre Provifions font tout le mérite de cette poffeffion. Car on ne doit point compter les Provifions fur les
vacances *in curia*, par promotion, pour caufe d'hérefie
& fur des réfignations, ni les mandats Apoftoliques, ni
les graces expectatives, qui ne peuvent être prefentés
comme des actes poffeffoires de la réferve des premieres
Dignités en tous genres de vacances, à laquelle tous les
titres de cette efpece font également étrangers. Cependant comme le fieur Filzmaurice prefente la plûpart de
ces titres comme autant d'actes poffeffoires, & qu'il af-
fecte d'ailleurs de réduire à peu de chofe les élections du
Chapitre, tant avant, que depuis le Concordat, nous ne
pouvons nous difpenfer d'entrer encore ici dans quelque
détail fur cet objet.

On trouve dans le *Gallia Chriftiana*, tom. I. pag. 255 &
fuiv. édit. de 1656. & dans les Regiftres du Chapitre,
depuis 1223. jufqu'en 1554. tems auquel l'Eglife de
Cambray fut foumife au Concordat Germanique par l'E-
dit de Charles V. fept élections ; fçavoir, celles de Pierre
de Giry en 1223. de Radulphe en 1408. d'Adrien en
1455. fur laquelle Carpentier (*a*) remarque que Nicaife
de Valery entreprit fans fuccès en vertu de Bulles du
Pape, de dépoffeder le Pourvû du Chapitre ; celle de Phi-
lippes de Brimeu de 1498. de Guillaume de Proify de 1504.
de Jean-Hubert de Liemel de 1516. & d'Euftache de
Crouy de 1546.

Les Regiftres du Chapitre contiennent plufieurs autres

(*a*) Hift. de Cam-
bray, tom. 1. p, 437.

élections, & remontent jufqu'à l'année 1089. on y trouve la plûpart des Prevôts fimplement dénommés. La raifon en eft bien naturelle. Le droit commun n'ayant point encore été alteré alors, le Chapitre n'avoit aucun motif qui pût le déterminer à faire mention de l'ufage de fon droit.

C'eft ce qui eft parfaitement prouvé par la Bulle d'Honoré IV. de 1286. produite dans cette Inftance, par laquelle ce Pape reconnut formellement le droit du Chapitre.

Une longue difcuffion fur la chronologie des Prevôts de cette Eglife, feroit fort inutile dans la conteftation dont il s'agit ici, puifqu'on ne trouve pas une feule collation du Pape avant le Concordat, ni après le Concordat, jufqu'à celle de 1659. qui ait été faite *jure ordinario*, ou en vertu de la réferve générale des premieres Dignités en tous genres de vacance.

Toutes celles qui font alleguées par le fieur Filzmaurice, font faites fur réfignation en faveur, dans le cas de la vacance *in curia*, par promotion, ou pour caufe d'héréfie, avec la claufe *pro hac vice*, ou en vertu de mandats *de providendo*, ou de graces expectatives accompagnées de lettres exécutoriales. Toutes ces Provifions dans ces differens genres de vacance, font non-feulement inutiles à la prétention du fieur Filzmaurice, comme des actes abfolument étrangers à la réferve générale en tout genre de vacance ; mais ces Provifions, à l'exception des réfignations en faveur, fourniffent encore une preuve victorieufe que les Papes n'ont jamais prétendu le droit de difpofer de cette Prevôté en tout genre de vacance, parce qu'ils n'auroient pas pris le parti de fuivre des voyes extraordinaires pour conferer ce Benefice, s'ils avoient eû la voie ordinaire & la collation par le droit commun. C'eft-là tout ce qui

réfulte

réfulte des Provifions des Papes, de la Prevôté de l'Eglife de Cambray, antérieures à l'acceptation du Concordat.

L'état de cette Eglife depuis fa foumiffion au Concordat Germanique, ne prefente rien de plus favorable à la prétei.tion du fieur Filzmaurice.

Il a abufé de ce qu'on avoit nommé dans le premier Memoire Euftache de Crouy, au lieu de Guillaume Claix. C'étoit une erreur de nom, qu'on a rectifiée dans la feconde édition de ce Memoire, qui ne tiroit à aucune conféquence. Le fieur Filzmaurice ne gagnéra rien dans la réparation de cette erreur. Le Chapitre & l'Evêque de Cambray reçurent le Concordat, en exécution de la Conftitution de Charles V. en 1554.

Suivant le *Gallia Chriftiana*, tom. 1. pag. 252. édit. de 1656. Guillaume Claix fut élu par le Chapitre le 13 Janvier 1555. (*a*) Voilà une preuve d'une collation faite par le Chapitre immédiatement après l'acceptation du Concordat, qui ne peut être combattue. A la fuite de cette collation du Chapitre, nous ne voyons pas jufqu'en 1659. une feule collation du Pape en vertu de la réferve des premieres Dignités en tous genres de vacance. Celle de 1659. eft la premiere faite avec la claufe *jam dudum refervavimus*, en vertu de la troifiéme Regle de Chancellerie, comme le difoit autrefois le fieur Filzmaurice, ou fi l'on veut, comme il le foutient dans fes derniers Memoires, en vertu d'une ancienne réferve, diftinction fort inutile, puifqu'il eft démontré ci-deffus, qu'il n'y a jamais eu de réferve de cette efpece, que celle qui eft portée par la troifiéme Regle de Chancellerie d'Innocent VIII.

Or que peut-on conclure de cette premiere collation du Pape en vertu de cette efpece de réferve, fuivie de trois autres collations femblables? Le Pape fut furpris en 1659. & cette furprife a été répetée enfuite jufqu'à trois fois; ce qui

(*a*) *Quo mortuo menfe Januario 1555. Capitulum elegit die Guillelmum Claix 13. ejufdem menf.*

H

eſt autant d'entrepriſes ſur le Concordat Germanique ; & non une poſſeſſion contre le Concordat Germanique, qui a proſcrit tout acte poſſeſſoire, ni une poſſeſſion qu'on puiſſe alleguer pour interpréter le Concordat, puiſqu'aucune de ces quatre collations ne ſe trouve faite en vertu du Concordat, mais en vertu d'une réſerve étrangere au Concordat, & conſéquemment incompatible avec cette Loy.

Second Memoire, pag. 4.

Le Chapitre de Cambray n'a jamais fait difficulté, dit le ſieur Filzmaurice, de recevoir & d'inſtaller les Pourvûs par le Saint Siege ; il n'auroit pas été ſi facile, s'il avoit eu le droit d'élection.

On a déja obſervé dans le premier Memoire, que le Chapitre de Cambray a pu garder le ſilence ſur les Proviſions de Cour de Rome, ſans ſe préjudicier, parce que le Pape n'a jamais uſé dans toutes les collations qu'on nous oppoſe, que de quelque réſerve ſinguliere conſervée par le Concordat, ou de graces & de mandats, juſqu'en 1659. & que cette derniere collation & les trois ſemblables dont elle a été ſuivie, ayant été faites en vertu d'une réſerve incompatible avec le Concordat, n'operoient qu'une privation de fait, & ne pouvoient acquerir aucun droit au Pape. Il eſt d'ailleurs conſtant que l'alternative remplit le Chapitre de Cambray de Pourvus par le Pape, qui abuſent de leur ſupériorité en nombre, contre les droits du Chapitre. On voit par ſes Regiſtres que M. de Bryard Archevêque ne conféra qu'un très-petit nombre de Canonicats pendant l'eſpace de vingt ans.

Ibid.

Il eſt d'un uſage conſtant, dit encore le ſieur Filzmaurice, dans toutes les Egliſes d'Allemagne, qui ont le privilege de nommer à leurs premieres Dignités, qu'elles demandent au Saint Siege la confirmation de leurs élections; d'où il conclut que l'élection du ſieur de la Verdure eſt nulle.

Le sieur Filzmaurice donne des armes contre lui-même. Il dit en plus d'un endroit de son Memoire, que la Prevôté de l'Eglise de Cambray est élective confirmative. Il plaide donc ici de son propre aveu, sans interêt. Car s'il est vrai que telle est la qualité du Benefice contentieux, ses Provisions sont radicalement nulles par deux raisons sans réplique. 1°. Parce qu'il n'a point exprimé dans sa Suplique la qualité du Benefice. (a) 2°. Parce que le Pape ne sçauroit conferer un Benefice électif confirmatif.

Où le sieur Filzmaurice a-t'il pris d'ailleurs que toutes les premieres Dignités soient électives confirmatives dans les Eglises d'Allemagne? La preuve du contraire se trouve dans la Constitution de l'Empereur Ferdinand, adressée à l'Eglise de Cambray de 1559. où il est dit que suivaut l'ancienne coutume, & aux termes du Concordat, le Chapitre a le droit d'élire & de conferer, *jus eligendi*, *disponendique de Prælaturis*, *Dignitatibus*. Le Pape n'ayant jamais confirmé les élections du Chapitre, sur quel fondement seroit-il possible d'établir la qualité de Benefice electif-confirmatif? Il faudroit renverser le droit des Eglises de Besançon & de Nivelle, qui, comme celle de Cambray, ont été assujetties au Concordat par les Constitutions des Empereurs d'Allemagne. La Loy est la même par tout. Les Chapitres de Besançon & de Nivelle conferent leurs premieres Dignités. Par quelle raison celui de Cambray pourroit-il être réduit à une simple élection?

On a cité deux Arrêts : l'un du Parlement de Flandres, pour prouver *l'incompatibilité* des Regles de Chancellerie avec le Concordat, & la maxime, que les Bulles sont nulles, lorsque le Pape y énonce qu'il confere en vertu des réserves, un Benefice qu'il n'a droit de conferer qu'en vertu du Concordat. Car le Pape est obligé d'énoncer dans ses Bulles qu'il confere en vertu du Concordat, dans tous les cas où

H ij

(a) Beneficium electivum habet specialem qualitatem exprimendam. Et ideo in impetrationibus debet fieri mentio , si Beneficium sit electivum, aliter gratia erit nulla & subreptitia. Rota decis. 4. Passerin. Capillis verò §. 1. de Præb. & Dignit. n. 25.

le Concordat lui donne la collation , & fans cette énonciation expreffe les Bulles font abufives , même dans le cas de l'alternative , fuivant les Loix de l'Empire & les ufage des Eglifes régies par le Concordat. Arrêts Notables du Parlement de Tournay de Matth. Pinault , tom. r. pag. 215. La réponfe du fieur Filzmaurice n'écarte point ce préjugé.

Le fecond , eft un Arrêt du Confeil d'Etat , concernant l'Eglife de Lille. Le fieur Filzmaurice ne combat cette autorité , que par la fuppofition , que les Pourvus de la Cour de Rome ne reclamoient pas la poffeffion. Pour fe convaincre du contraire , on n'a qu'à jetter les yeux fur le vû de cet Arrêt , on verra que la poffeffion étoit l'un de leurs principaux moyens. On jugea en faveur du Chapitre de Lille , fur la maxime que le Pape ne peut avoir de droit à la collation des Benefices , foit dans les Pays de Concordat , foit dans les Pays d'ufage , tel qu'eft la Flandre, qu'en vertu d'un titre conftitutif , formé par le concours des deux Puiffances , & qu'il ne peut acquerir aucun droit par la voye de la prefcription , quelle que foit fa poffeffion, parce qu'il ne fçauroit conferer *jure ordinario.* Nous reclamons ici le même principe.

On a encore oppofé au fieur Filzmaurice la nullité de fes Provifions tirée du défaut d'expreffion de l'Archidiaconé de l'Eglife de Cambray dans fa Suplique. Cette nullité eft établie fur le texte du droit. *cap. poftulafti ; cap. fuper litteris X. de Refcriptis ; cap. Si motu proprio de Præbendis in fexto ,* & fur le fuffrage unanime de tous les Auteurs. Pour écarter cette nullité , le fieur Filzmaurice a ofé foutenir qu'il avoit donné fa démiffion de l'Archidiaconé , lorfqu'il fe fit pourvoir de la Prevôté.

On vient de produire une copie en bonne forme de fa démiffion. Ses provifions de la Prevôté font du 6 Mars ,

& son acte de démission est du 30 du même mois.

Convient-il après cela au sieur Filzmaurice d'accuser son Confrere d'infidelité?

RECAPITULATION.

Les premieres Dignités, après la Pontificale & les Principales dans les Collegiales, sont-elles à la disposition du Pape en tous genres de vacance, ou à la collation des Ordinaires, dans les Eglises soumises au Concordat Germanique?

Ce Concordat, qui est un contrat sinalagmatique, une vraie transaction sur Procès, qui a reglé irrévocablement les droits de la Cour de Rome sur les Eglises d'Allemagne, & ceux des Ordinaires, est la Loy dans laquelle se trouve le principe de décision (a).

Cette Loy contient-elle la réserve des premieres Dignités après la Pontificale dans les Cathédrales, & des Principales dans les Collegiales en tous genres de vacance?

Le §. *de cæteris* est le siege de la difficulté. Ce §. lû avec une parenthese placée suivant l'idée du sieur Filzmaurice, on pourroit peut-être trouver quelque raison de douter. Mais ce même §. lû sans parenthese, ou la parenthese placée comme le texte original & le sens de la Loy en général l'exigent évidemment, bien loin de trouver un prétexte à la réserve des premieres Dignités en tous genres de vacance, on y trouve au contraire une exclusion formelle de cette réserve.

Ces termes du §. *de cæteris, majoribus Dignitatibus post Pontificales in Cathedralibus, & Principalibus in Collegiatis exceptis de quibus jure ordinario provideatur per illos inferiores ad quos aliàs pertinet*, assurent bien disertement le droit des Ordinaires.

(a) *Nos attendentes Concordata prætacta vim pacti inter partes habere.* Bulle de Jules III. du 14 Septembre 1554.

Tel eſt le Concordat Germanique dans l'édition que Libnits en a donnée, tiré des Archives de l'Empire, & dans le corps diplomatique du même Auteur (a) dans le premier volume des Traités de Paix, (b) dans de Heiſſ, Hiſt. d'Allemagne (c). Cet Auteur obſerve que le Concordat tel qu'il le rapporte, a été tiré du Regiſtre des Bulles de Nicolas V. avec qui ce Concordat fut fait, dans l'Auguſte Baſilique de l'Abbaye Royale de Saint Arnould (d), & enfin dans la Conſtitution de Charles V. du 9 Février 1554. (e) Quelques Auteurs ont lû ce §. avec une parentheſe fermée après le mot, *pertinet*; cela eſt égal, le ſens eſt toujours le même. Il faut obſerver encore qu'on lit dans toutes les éditions citées çi-deſſus, *provideatur*, qui eſt un terme impératif, au lieu de *providetur.*

(a) p. 396. édit. de 1693.
(b) 517. édit. de 1700.
(c) Tom. 3. pag. 309. édit. de Hollande.

(d) Pag. 318.
(e) Placards de Brab. tom. 3. pag. 179.

Premier Memoire, pag. 6.

Le ſieur Filzmaurice ne conteſte aucune de ces éditions; il a même avoué formellement que le texte original du Concordat eſt également ſans ponctuation & ſans parentheſe.

Peut-on lire après cela, ſur la foi de Branden & de ſes Sectateurs, le §. *de cæteris,* avec une parentheſe fermée après le mot *exceptis,* & ſur cet unique fondement, ſupoſer dans le Concordat une réſerve des premieres Dignités en tous genres de vacance, dont il n'y eſt fait aucune mention, & qu'on ne trouve introduites, même dans les Pays d'obedience, que fort long-tems après le Concordat? Eſt-ce là une autorité ſuffiſante pour admettre une lecture du Concordat differente du texte original, & du texte imprimé avec les Conſtitutions de l'Empire qui ont ſoumis à cette Loy les Egliſes d'Allemagne?

Pour établir cette réſerve dans le Concordat, voici en peu de mots à quoi ſe réduit le ſyſtême du ſieur Filzmaurice.

Cette réſerve exiſtoit avant le Concordat ; le Pape

n'ayant point abandonné par une difposition expreffe aux Ordinaires la collation des premieres Dignités dans les Cathédrales, & des Principales dans les Collegiales, fe les eft réfervées; cette réferve eft reftée telle qu'elle étoit en ufage avant le Concordat. L'ufage eft l'interprete de la Loy. Le Pape a exercé cette réferve depuis le Concordat dans toutes les Eglifes d'Allemagne, & dans celles de Metz, Toul & Verdun. Enfin le Pape a la poffeffion fur l'Eglife de Cambray.

A ne confulter que les termes du Concordat Germani-que dans le texte original, ou dans les Conftitutions de l'Empire, qui en ont fait une Loy pour toutes les Eglifes d'Allemagne, & non avec cette parenthefe, qui en rendroit le fens abfurde, que l'ignorance ou l'interêt perfonnel ont fait imaginer, on trouve le droit des Ordinaires inconteftable.

S'il reftoit quelque doute, qu'on examine le Concordat, comme un Traité, comme une Tranfaction qui regle des prétentions refpectives entre les Parties contractantes, ne feroit-il pas abfurde d'y fuppofer une difpofition fur une prétention qui n'exiftoit point, fans une mention expreffe? La réferve des premieres Dignités étant inconnue au tems du Concordat, eft-il poffible de la fuppofer dans un Traité qui n'avoit d'autre objet que les conteftations élevées, & les prétentions du Pape connues alors?

On a prouvé invinciblement que cette réferve étoit inconnue avant le Concordat Germanique de Nicolas V. de 1448. tant parce qu'on n'en trouve aucune trace dans le Corps de Droit, dans les Extravagantes, ni dans aucune Conftitution particuliere antérieure au Concordat, que par les differentes Bulles qu'on a rapportées, par lefquelles les Papes avoient formellement reconnu avant le

Concordat, le droit des Ordinaires à cet égard ; par le Concordat de Martin V. de 1418. par lequel ce Pape avoit expreſſément déclaré, que les premieres Dignités dans les Cathédrales, & les Principales dans les Collegiales, ſont à la diſpoſition des Ordinaires ; par les Regles de Chancellerie publiées par le même Pape, Auteur du premier Concordat, à ſon élevation au Pontificat, dans leſquelles on ne trouve aucune idée de cette réſerve, que ce Pape n'auroit certainement pas omiſe, ſi elle eût exiſté; par les articles de réformation préſentés au Concile de Baſle par les Allemans, & par le projet de réformation donné par le Pape, où il n'eſt fait aucune mention de la réſerve générale des premieres Dignités en tous genres de vacance ; & enfin par les Regles de Chancellerie d'Innocent VIII. publiées bien des années après le Concordat, par leſquelles ce Pape confirme les anciennes réſerves, & crée enſuite celle dont il s'agit dans ſa troiſiéme Regle, comme n'exiſtant point encore, puiſqu'il ſe ſeroit borné à la confirmer, comme il avoit fait à l'égard des anciennes réſerves.

Le ſieur Filzmaurice ayant fait dépendre l'intelligence du §. *de cæteris*, de l'exiſtence de cette réſerve avant le Concordat, n'étoit-ce pas à lui à la prouver ? on l'a défié de l'indiquer dans aucune Bulle, & de citer même un ſeul exemple de collation faite par le Pape en vertu de cette réſerve avant le Concordat. Nous avons prouvé au contraire par les Bulles mêmes des Papes, par le Concordat de Martin V. par les Regles de Chancellerie du même Pape, & par celles d'Innocent VIII. que c'eſt dans les Regles de Chancellerie de ce dernier Pape, publiées long-tems après le Concordat, que ſe trouve le berceau de cette réſerve.

A la ſuite de toutes ces preuves quelle force n'aura pas cette obſervation bien ſimple & bien naturelle que préſente fente le Concordat même? Que le fieur Filzmaurice jette encore une fois les yeux fur le Concordat, il avoüera que ce Traité contient dans le premier §. la réferve des premieres Dignités dans les Cathédrales, & des Principales dans les Collegiales, en cas de caſſation, en cas d'héreſie, de promotion, de ſimonie, &c. en un mot en cas de nullité de l'élection. Ces réferves, dans des genres de vacance ſinguliers, ne ſont-elles pas incompatibles avec une réferve générale en tous genres de vacance de ces mêmes Benefices? Si le Pape prétendoit ou croyoit avoir acquis la réferve de cette ſorte de Benefices en tout genre de vacance, auroit-il fait inferer dans le Concordat des réferves de ces mêmes Benefices dans des cas ſinguliers? Il y a plus, c'eſt que ces réferves dans tous ces cas ſinguliers, ſuppoſent néceſſairement le droit des Ordinaires, & emportent inconteſtablement la reconnoiſſance la plus formelle de la part du Pape, que les Ordinaires ont le droit de collation de ces mêmes Benefices, mais que le Pape ne ſe les réferve que dans les cas où la collation des Ordinaires ſera nulle : cette conſéquence eſt victorieuſe.

Que le ſieur Filzmaurice nous indique le §. du Concordat où ſe trouve la réferve des premieres Dignités? De ſon aveu le §. *de cæteris* ne contient qu'une ſimple exception des premieres Dignités, de l'alternative, avec cette déclaration du Pape, qu'il n'entend point qu'il y ait d'autres réferves que celles exprimées dans les §§. précedens, *ultra reſervationes prædictas*, & les autres ne contiennent des réferves des premieres Dignités, que dans des cas ſinguliers, qui, comme on vient de l'obſerver, ſont une excluſion abſolue d'une réferve dans tous les genres de vacance. Sur quel prétexte le ſieur Filzmaurice peut-il donc ſuppoſer cette réferve dans le Concordat?

Si l'on conſulte l'uſage des Egliſes d'Allemagne, on eſt

I

également convaincu que le Pape n'a jamais conferé les premieres Dignités en tous genres de vacance. On y trouve les Ordinaires en poffeffion de cette partie du droit commun avant & après le Concordat, & l'on ne voit pas un feul exemple de collation du Pape, faite en vertu du Concordat, en tous genres de vacance. Car on ne peut compter comme des actes de cette efpece, des collations faites dans des cas finguliers de vacance, qui font au nombre des réferves confervées par le Concordat, tels que font les trois exemples cités par le fieur Filzmaurice, de Benefices vacans, l'un pour caufe de fimonie, l'autre pour caufe d'héréfie, & le troifiéme par promotion. Peut-on dire que le Pape ait exercé le droit de conferer en tous genres de vacance, dans aucun de ces cas finguliers, exprimés dans les provifions ?

On a prouvé par le *Gallia Chriftiana* la poffeffion de toutes les Eglifes foumifes au Concordat Germanique, dont parle cet Auteur : cet ufage du Concordat n'eft-il pas encore parfaitement établi par la Conftitution de l'Empereur Ferdinand de 1559. adreffée à l'Eglife de Cambray, & par la Bulle *fuper gregem* de Sixte V ? Ces Loix levent également toute difficulté fur le droit & fur le fait. L'Empereur foutient dans fa Conftitution le droit qu'ont les Ordinaires de conferer les premieres Dignités, *jus eligendi, difponendique de Prælaturis, Dignitatibus*, & Sixte V. décide clairement que les Dignités ne font point comprifes dans les Regles de Chancellerie, ni même dans aucunes des réferves qui ne font point inferées dans le Corps du Droit, *neque Dignitates ipfa electivas fub Cancellaria Regula, Dignitatum hujufmodi refervatoria, aut aliis in corpore juris non claufis refervationibus Apoftolicis comprehenfas effe.*

L'Indult accordé au Roy fur les Eglifes de Metz, Toul & Verdun, eft abfolument étranger à l'ufage du Concordat

Germanique, parce que ces Eglifes n'avoient point été comprifes fous la Loi du Concordat Gernanique, dont l'Eglife de Metz n'a joui pendant quelque tems qu'à titre de privilege du Saint Siege; que fuivant les Lettres du Cardinal d'Offat, le Pape prétendoit *omnimodam poteftatem* fur ces trois Diocefes, & que c'eft fur ce principe que fut donné l'Indult du Roy, dans lequel il n'eft fait aucune mention du Concordat Germanique.

Quel pourroit être l'effet d'une poffeffion particuliere du Pape fur l'Eglife de Cambray? Il eft de principe qu'on ne peut prefcrire contre le Concordat. Cette poffeffion pourroit-elle donc fervir à attribuer dans le Concordat par interpretation, au Pape, un droit que cette Loy ne contient point, & ne lui donne point dans aucune des Eglifes qui y font foumifes? Mais à quoi fe réduit dans le fait cette prétendue poffeffion ? elle n'eft appuyée que fur quatre collations faites, non en vertu du Concordat, dont il n'eft fait aucune mention dans les Bulles, mais en vertu d'une réferve introduite depuis le Concordat, & incompatible avec cette Loy.

L'ufage de cette réferve ne peut avoir lieu dans l'Eglife de Cambray, fans donner atteinte au Concordat, à la Conftitution de Charles V. de 1554. & à celle de l'Empereur Ferdinand de 1559. adreffée à cette Eglife, par laquelle cet Empereur ordonne expreffément que les Ordinaires continueront de jouir, conformément au Concordat, du droit de conferer les premieres Dignités. On ne fçauroit par conféquent autorifer l'ufage de cette réferve, fans détruire les principales difpofitions des Capitulations de 1667. & de 1677. & des Lettres Patentes de 1669. enregiftrées au Parlement de Flandres, qui ont donné à ces Conftitutions concernant la difpofition des Benefices de l'Eglife de Cambray, la même autorité dans le Royaume, qu'ont les Loix municipales des autres Provinces, qui ont été autorisées par des Lettres Patentes.

Le Roy aujourd'hui, au lieu & place des Empereurs, est, comme l'étoient les Empereurs, le Protecteur de l'Eglise de Cambray, & par conséquent le Pape n'a pu déroger seul & sans le concours de l'autorité du Roy, aux usages & libertés de cette Eglise par une réserve qui y est contraire, suivant la décision du Pape Jules III. *Nos attendentes Concordata prætacta vim pacti inter partes habere, & quæ ex pacto constant, absque partium consensu abrogari non consuevisse neque debere.* (a)

(a) Bulle du 14 Septembre 1554.

Monsieur JOLY DE FLEURY, Rapporteur.

Messieurs { L'ABBE' DE POMPONNE, D'AGUESSEAU, GILBERT DE VOYSINS, DE LA GRANDVILLE, } *Commissaires.*

M^e DE SERIONNE, Avocat.

De l'Imprimerie de la Veuve d'ANDRE' KNAPEN. 1747.

www.ingramcontent.com/pod-product-compliance
Lightning Source LLC
LaVergne TN
LVHW022321170726
843503LV00006B/2634